REVERENCIA

Reverencia

Ecos de Sanación y Gratitud

Judy Stella

©Derechos de autor

Todos los derechos reservados.
No se permite la reproducción total o parcial de esta obra,
ni su incorporación a un sistema informático, ni su trasmisión
en cualquier forma o por cualquier medio (electrónico, mecánico,
fotocopia, grabación, escaneo u otro), sin autorización previa y por
escrito del propietario de los derechos de autor de esta obra, salvo
en caso de citas breves incluidas en críticas o reseñas y/o ciertos usos
no comerciales permitidos por la ley de derechos de autor. La infracción
de dichos derechos incurre en un delito contra la propiedad intelectual.

Escribe a: davina@alegriamagazine.com
Atención: Coordinador de Permisos

REVERENCIA Ecos de Sanación y Gratitud
©2025 Judy Stella / Alegría Publishing

Cuidado Editorial: Alegria Publishing
Diseño: Diane Castañeda
Diseño de Cubierta: Monica Martin
Cuidado de Edición: Paloma Alcantar
Traducción al español: Paloma Alcantar

ISBN: 9798991125086

Published by Alegria Publishing

Impreso en los Estados Unidos de América
Printed in the United States of America

*"Ves cosas y dices: ¿por qué?
Pero yo sueño cosas que nunca sucedieron
y digo: ¿por qué no?"*

-George Bernard Shaw

Dedicatoria

Este libro está dedicado a todos aquellos que, con valentía, abren sus páginas en busca de consuelo y sabiduría para su viaje de sanación. Que las historias aquí contenidas iluminen el poder transformador de la reverencia, inspirando una profunda apreciación por la belleza y la resiliencia que habita en cada uno de nosotros. Que reconozcas tu fortaleza, tu valor y el potencial infinito que reside en tu alma.

Prólogo de la Dra. Farhat Chaudhry

Al embarcarme en el profundo privilegio de presentar estas conmovedoras memorias, visualizo a esa hermosa y feliz niña de cinco años, con su falda rosa de lunares, cobrando vida en las páginas de la manera más juguetona, como la infancia debería ser vivida. A medida que me adentro más en su mundo, su alma lleva el peso que ningún niño debería tener que soportar. Sus palabras pintan un retrato vívido de cómo su mundo estaba envuelto en la oscuridad por el dolor que infligieron aquellos a quienes amaba, los encargados de protegerla de los males de la sociedad y no ser la fuente de su tormento.

Es dentro de estas páginas donde encontrarás la transformación de esta hermosa pero aterrorizada niña en la valerosa voz de Judy, una hija, una hermana, una esposa, una amiga y, lo más importante, una madre, que valientemente narra su viaje a través de las sombras de una infancia marcada por abusos indescriptibles a los que finalmente es capaz de dar voz.

Los obstáculos que tuvo que enfrentar no fueron meramente externos, sino profundamente arraigados en su psique, entrelazados en la trama de su identidad. Esto no es solo el relato de una superviviente del abuso, sino el testimonio de una mujer que se niega a ser encadenada por los ecos de su pasado.

En la seguridad de nuestro espacio terapéutico, Judy comenzó el viaje de desentrañar los hilos enredados de su pasado. Cada sesión constituyó un delicado equilibrio entre sostener el espacio para su dolor y guiarla suavemente hacia el camino de la sanación. A medida que Judy empezaba a desnudar sus cicatrices de la infancia, el reconocimiento de que su inocencia fue traicionada y su confianza hecha añicos, llegó con el poder de una represa rompiéndose en una tormenta. Se dio cuenta de cuánto había estado cuestionando su propio valor, y llegó a la inquietante revelación de cómo su vida entera había sido profundamente afectada por su pasado, ahogada en un mar de dudas, culpa y vergüenza.

A medida que la observaba a lo largo de los años, Judy reunió el valor para enfrentar cada uno de los desafíos que ha recordado entre las páginas que están a punto de desplegarse ante ustedes. La vi luchar reclamando su identidad y sin permitir que el pasado, el abuso o la desconfianza dictaran su vida. Mi papel no era enmendar su dolor ni borrar sus cicatrices, sino ser testigo de su viaje, proporcionar un refugio seguro en una tormenta agitada y ayudarla a ver quién era, y es, desde dentro. La luz de la esperanza y el deseo de ser la mejor versión de sí misma guiaron cada una de sus sesiones. La palabra que mejor describe su camino en este viaje terapéutico es resiliencia. Al enfrentar su pasado, quería crecer, quería cambiar; tenía un sentido de resiliencia que se negaba a ser apagado por cualquier desafío que sus recuerdos conscientes y subconscientes trajeran a la superficie.

Para reescribir su relato, reclamar su voz y su autonomía en una sociedad que no le brindaría espacio para hacerlo, Judy tuvo que ser vulnerable. Pero ser vulnerable y exhibir sus heridas más profundas en unas páginas para que otros las vieran significaba arriesgarlo todo para exponer la cruda realidad y sin filtros de estas experiencias a la mirada crítica de extraños, una tarea muy ardua que requería fuerza y resiliencia. Judy tuvo que dejar de lado el miedo al juicio, el posible desprecio de su dolor por parte de otros, o incluso lo peor, la posibilidad de ser culpada por los horrores que había soportado, con el fin de compartir su historia en un esfuerzo por empoderar a otros.

Este acto desinteresado vino con el coste de ser retraumatizada, para lo cual ella se preparó y esperaba al profundizar más en su vida. Tuvo que revivir las escenas de su infancia, enfrentar a los demonios que la habían atormentado durante tanto tiempo y reabrir viejas heridas. Judy, una vez más, al escribir este libro, tuvo que someterse al dolor y la angustia que tanto había luchado por enterrar hacía mucho tiempo. Aceptó este desafío y soportó la prueba con el fin de dar voz a aquellos que puedan conectarse con su historia y salir fortalecidos mientras se embarcan en este viaje con ella. Con cada palabra escrita, estaba decidida a dar voz a su dolor, reclamar una parte de sí misma, mostrando a los demás que es posible transformar el pesar en poder, y la vulnerabilidad en fortaleza.

A medida que avanzaban las sesiones, fui testigo de cómo Judy se despojaba de las capas de su trauma que la mantenían atada a su pasado y emergía más fuerte y resiliente que nunca.

Mientras Judy recorría este valiente camino de escribir su libro, la vi confrontar sus vulnerabilidades con una determinación inquebrantable, convirtiendo el dolor en poder y el silencio en fortaleza. A través de todos los obstáculos y dificultades, la escritura le surgía naturalmente, ya que alberga el más profundo deseo de proteger, nutrir y transmitir a los demás la sabiduría que ha adquirido a través de sus experiencias de vida, con el fin de que puedan disminuir los desafíos que esta les presente. Las páginas interactivas de su libro hablan de esa transmisión de conocimiento. Al leer sus palabras y pensar en tu viaje vital a través de una lente cuestionadora, ella te permite darte permiso para que tu pasado sea reconocido y procesado.

Dentro de estas páginas no solo se encuentra la historia de una mujer fuerte y resiliente que navega a través de su infancia, sino también la de una hija con la abrumadora tarea de reconciliar las piezas rotas de su relación con su madre, ya que las cicatrices de su pasado amenazaban con separarlas. No obstante, esta hija navegó las aguas tumultuosas con gracia, humildad y un corazón lleno de perdón.

Por su padre sentía un tangible sentido de compasión y la determinación de que formara parte de su presente desde el más allá. A medida que el amor crecía en complejidad, incluso ella se sentía desconcertada por cómo había forjado conexiones familiares tan fuertes y auténticas con un hombre de quien solo tenía recuerdos difusos.

Como hermana, se erguía firme como el pilar de la fortaleza, ofreciendo consuelo y refugio en medio del dolor compartido. Con cada acto de bondad y comprensión, infundía una nueva vida en el vínculo fraternal, transformando el trauma en una fuente de solidaridad y unidad para nutrir la relación fraternal.

Como esposa, construyó una relación amorosa basada en la honestidad y la vulnerabilidad inquebrantables. Ambos dejaban de lado sus miedos e inseguridades más profundos, y se unían a través de su amor compartido y su compromiso con su relación y su familia para vivir la vida juntos.

Como amiga, se convirtió en una fuente de inspiración para aquellos afortunados de ser llamados sus amigos. Con un corazón compasivo y una empatía irrompible, ofrecía un oído atento, un hombro en el que apoyarse mientras los guiaba, al mismo tiempo que enfrentaba sus propias luchas con gracia y sabiduría.

Como madre, confrontó la profunda responsabilidad de romper el ciclo del abuso con un amor infinito en un hogar lleno de calidez, compasión, seguridad y aceptación incondicional, empoderando a sus hijos para que abrazaran sus propios caminos valiente y humildemente, con gracia. A través de sus risas, lágrimas, palabras y acciones, impartió lecciones inestimables de compasión, resiliencia y amor propio a sus dos hermosos hijos, que son la frescura de sus ojos y la serena brisa de cada uno de sus suspiros.

En cada papel que habita, Judy encarna la verdadera esencia del coraje, un coraje que no nace de la bravura o la fuerza, sino de la vulnerabilidad y la resiliencia. A través de compartir su viaje personal de sanación y el uso de sus palabras y acciones, ha transformado su dolor en empoderamiento, su silencio en fortaleza y su trauma en triunfo.

El futuro seguramente estará colmado de nuevos desafíos, pero no me cabe la menor duda de que Judy continuará creciendo y brillando intensamente, iluminando el camino para otros que puedan encontrarse navegando sombras similares.

Con honor, amor y una admiración inquebrantable,

Dra. Farhat Bari Chaudhry,
Doctora en Psicología,
Terapeuta Matrimonial y Familiar
con Licencia en el estado de California

Prefacio

Desde los primeros días de mi infancia, los libros fueron mi santuario. Dentro de sus páginas silenciosas, encontré consuelo, una vía de escape y destellos de mis propias luchas y sueños. No sabía entonces que compartir mi propia historia se convertiría en una parte inevitable de mi viaje.

Durante años, llevé el peso de la culpa y la vergüenza, creyendo que me pertenecía y que debía cargarlo para siempre. Sin embargo, la vida, a su manera misteriosa, me condujo hacia la sanación, y me reveló caminos inesperados. A través de diversas formas de expresión, descubrí no solo la liberación, sino también una profunda reverencia por el camino recorrido.

Al escribir estas palabras ahora, lo hago con la esperanza de que puedan llegar a aquellos que más las necesitan. A ti, querido lector, te ofrezco estos capítulos de mi vida no como relatos de victoria o derrota, sino como un faro de humanidad compartida, el poder transformador de la sanación dentro de la comunidad y a lo que yo llamo "ángeles terrenales".

Que las historias que hay dentro de estas páginas lleguen a tu corazón, te ofrezcan perspectivas y reflexiones que te guíen en tu propio viaje de sanación y autodescubrimiento. Al sumergirte en estas palabras, espero que encuentres la fuerza para dar forma a tu destino, para perseguir tus sueños con una determinación inquebrantable y para atesorar los momentos que confieren a la vida su verdadero significado.

UNO

"Judy, ¡vamos! Date prisa, le voy a preguntar al señor si la casa está lista para alquilar", la voz urgente de mi madre atravesó el aire, sacándome de mis pensamientos infantiles. Con un rápido movimiento de cabeza, volví a centrar mi atención y me apresuré a seguir sus pasos decididos. Poco sabía yo que ese momento apresurado marcaría el comienzo de la historia de mi vida, una narrativa repleta de relatos no contados, esperando ser compartidos con el mundo.

Lennox, California —afectuosamente conocida como "Little TJ" por aquellos que aprecian su comunidad distintiva y su vibrante cultura— es un pueblo a menudo envuelto en la oscuridad, eclipsado por las bulliciosas ciudades de Hawthorne e Inglewood. Una joya escondida situada a un tiro de piedra de la magnificencia del Aeropuerto LAX.

En nuestro vecindario, me encontré rodeada de una diversa comunidad latina. Las tiendas de comestibles latinas invadían las calles, bulliciosas de actividad. El aire vibraba con el ritmo de cumbias, rancheras y las melodías románticas de Los Bukis. La vida parecía mecerse al compás de la música ranchera, acompañada por los alegres tintineos de los carritos en los que se vendían paletas de chicle y limón. El delicioso olor de tamales caseros flotaba por las calles, llevando consigo historias de nuestras experiencias compartidas, dificultades comunitarias y tradiciones culturales. Era un lugar donde los vecinos eran más que simples conocidos, eran como tu familia.

Mi primer recuerdo de Lennox me transporta a los días previos a mi quinto cumpleaños. Vestida con una falda rosa con vuelo, adornada con juguetones lunares negros, como los zapatos brillantes, acentuados por delicadas cintas, me apresuré a mantener el ritmo urgente de mi madre.

Frente a nosotros se alzaba una hermosa casa azul de dos plantas, situada en medio de un paraje tranquilo. El suave vaivén de los árboles verdes enmarcaba la casa como centinelas protectores, y un largo camino de cemento se extendía ante nosotras, mostrándonos el camino hacia la entrada. Era como si el propio sendero nos guiara hacia la casa, orientando nuestro avance con su presencia constante. A lo largo de sus bordes, manchones de tierra adornados con delicadas flores blancas añadían un toque adicional de encanto a los serenos alrededores.

Mientras paseaba por la calle, una tonada melodiosa llamó mi atención, guiando mi mirada a través de la bulliciosa calle hacia la pintoresca tienda de comestibles Arreola. Adornando sus paredes había un mural de colores vivos de la Virgen de Guadalupe, cuya sosegada presencia parecía supervisar el animado vecindario. Los colores del mural eran vibrantes y cautivadores, y me atraían de inmediato hacia su belleza. La Virgen, representada en toda su gloria, constituía un símbolo de esperanza y fe para muchos residentes de la comunidad. Su presencia pronto se convirtió en una fuente de consuelo, un faro de luz en mi vida. Para quienes vivían allí, representaba un recordatorio constante del poder de la fe y la fuerza que se deriva de creer en algo más grande que uno mismo. Su imagen adornaba las paredes de hogares y negocios por igual, una vista magnífica que inspiraba reverencia y devoción en todos los que la contemplaban y oraban por los milagros diarios.

Pero antes de que pudiera sumergirme por completo en la escena, la voz autoritaria de mi madre interrumpió mi ensueño, recordándome que no me distrajera. Con un tono firme, dirigió mi mirada hacia la majestuosa casa azul que se erguía frente a nosotros. Mientras estiraba el cuello para apreciar su grandeza, mi joven mente luchaba por comprender la importancia de este momento.

Sin que yo lo supiera, aquella casa se convertiría en la piedra angular de mi vida, un hogar que fue testigo de mis triunfos, luchas y los capítulos no contados que se desarrollarían dentro de sus paredes, cambiando para siempre el rumbo de mi existencia.

En el corazón de Lennox se halla un tesoro de recuerdos, oculto en sus humildes alrededores. Entre estos momentos atesorados se encuentra la historia de las tardes perezosas transcurridas en el parque del vecindario, donde el tiempo parecía ralentizarse, permitiendo que los lazos familiares florecieran. El parque, un santuario de alegría e inocencia, fue testigo de nuestras risas resonando en el aire mientras emprendíamos aventuras impulsadas por la imaginación infantil.

A mí y a mis hermanos, mi madre nos consentía con placeres sencillos, como deliciosos raspados de un carrito colorido. Turnándonos, nos elevábamos por los cielos en los chirriantes columpios y conquistábamos el imponente cohete, lanzándonos hacia el cosmos de posibilidades ilimitadas.

En medio de la alegría y los momentos lúdicos, un recuerdo brilla con fuerza, un recuerdo que captura perfectamente el amor y los cuidados de mi madre. A medida que el sol alcanzaba su punto más alto, pintando el parque con un resplandor dorado, mi madre sacaba una bolsa para el almuerzo llena de mis frutas favoritas. Dentro, anidadas entre los pliegues, había jugosos mangos, dulces naranjas, rodajas de pepino con un chispeante rocío de lima y una pizca de chile en polvo Pico de Gallo. Aquel tiempo en el parque, con el aroma tentador de las frutas mezclándose con las risas de mis hermanos, permanecen grabados en mi corazón. Muestran cuán profundamente nos amaba mi madre y cómo convertía incluso los momentos más simples en algo mágico, un recordatorio de la manera sencilla pero profunda en que mi madre mostraba su amor.

Al reflexionar sobre mi infancia, me impacta la profunda influencia que tuvo en moldear a la persona que soy hoy. Esos humildes comienzos sirvieron como la base para la extraordinaria travesía que me esperaba, un viaje tejido intrincadamente con la esencia de Lennox. En esta ciudad, enfrenté mis pruebas más agonizantes, saboreé la dulzura del amor y confronté algunas de las decisiones más difíciles de la vida. Fue dentro del vibrante tapiz de Lennox donde mi historia echó raíces, un lugar que proclamo con orgullo como mi primer hogar, un testimonio de la resiliencia del espíritu humano y el poder perdurable de una comunidad.

Judy Stella

DOS

Nos mudamos a nuestra nueva casa poco después de aquella visita inicial, pero la realidad de aquel hogar estaba lejos de lo que había imaginado. En lugar de una amplia casa de dos plantas, nos encontramos asentándonos en un solo dormitorio con una modesta cocinita adjunta. La efímera visión de vivir en una casa de dos pisos se desvaneció rápidamente, reemplazada por la humildad de nuestro nuevo hogar.

Nuestras pertenencias eran escasas, un testimonio de la simpleza de nuestras vidas. Había un mueble principal: un viejo y desgastado sofá de dos plazas marrón que servía como mi cama. Me acurrucaba debajo de la manta, encontrando consuelo en su abrazo familiar, mientras mi madre dormía a mi lado en el suelo. Teníamos nuestra ropa y una pequeña cesta que contenía mis queridos juguetes, pero más allá de eso, nuestras posesiones eran mínimas.

Me di cuenta rápidamente de que tendríamos que compartir el baño y la ducha con los otros ocupantes de la casa. Contiguas a nuestra habitación, ubicada en la segunda planta, había otras tres habitaciones ocupadas por inquilinos; unas personas extrañas, que se convertirían en mis nuevos vecinos y, sin saberlo, jugarían un papel importante en nuestras vidas.

Al observar aquel entorno, se hacía evidente que este nuevo arreglo habitacional era más que solo compartir un techo. Era una lección de humildad, resiliencia y el hecho de encontrar fuerza en lugares inesperados. En medio de la incertidumbre, surgió un nuevo sentido de comunidad. Estos vecinos, alguna vez extraños, se transformaron en pilares de apoyo y empatía. Dentro de las paredes de nuestra residencia compartida, se forjaron lazos, y los actos de bondad se convirtieron en la moneda de cambio en nuestras vidas cotidianas.

Fue en nuestra existencia compartida que descubrí que, a veces, las formas más auténticas de apoyo y compasión pueden surgir de los lugares más improbables. Nuestra pequeña habitación en esa casa, a pesar de su apariencia humilde, era un testimonio de la resiliencia y la fortaleza que residía dentro de nosotros. Se convirtió en un espacio donde la esperanza florecía, donde encontrábamos consuelo en nuestras experiencias compartidas y donde se sembraron las semillas de gratitud por nuestra nueva comunidad. Pero esto es solo el comienzo. A medida que sigas leyendo, verás cómo nuestra sencilla habitación moldeó mi vida temprana de formas que no esperarías.

TRES

Nuestro nuevo hogar era un lugar lleno de magia esperando suceder, donde cada rincón guardaba la promesa de recuerdos atesorados. Uno de esos momentos destaca vívidamente en mi mente. Fue justo después de instalarnos; nuestros muebles eran escasos, pero nuestros corazones estaban llenos de emoción.

Recuerdo que estaba sentada en el único mueble que teníamos, con mi madre a mi lado, sosteniendo un libro que había tomado prestado de mi escuela. Era una historia que pronto se convertiría en mi favorita: Caperucita Roja. Mi mamá se complacía en leerme el cuento repetidamente, cada vez con tanto entusiasmo como la anterior.

Me encantaba ver cómo su rostro se iluminaba mientras daba vida a los personajes animadamente. Pero mi parte favorita era cuando Caperucita Roja llegaba a la casa de su abuela, solo para encontrar al lobo feroz fingiendo ser ella. Ahí era cuando la magia realmente comenzaba.

"Abuela, ¿por qué tienes esos ojos tan grandes?", preguntaba, y mi mamá ampliaba sus ojos, alterando su voz para imitar al personaje.

"Son para verte mejor," respondía, enviando escalofríos de emoción por mi columna vertebral.

Luego venía la pregunta icónica:

"¡Abuela, qué dientes tan grandes tienes!"

Sin perder un segundo, mi madre se transformaba una vez más, bajando su voz.

"Son para comerte mejor", gruñía juguetonamente, abriendo los brazos como si estuviera lista para saltar sobre mí.

Yo seguía el juego, fingiendo escapar de las garras del lobo. Y sin falta, siempre terminaba en un cálido abrazo, ambas riendo hasta que las lágrimas brotaban de nuestros ojos.

En ese simple intercambio, entre risas y alegría, construimos un lazo que duraría toda la vida. Esos momentos de narración de cuentos y de juego simbólico se convirtieron en la base de nuestra relación, llenando nuestro hogar de amor y risas. Y hasta el día de hoy, sigue siendo uno de mis recuerdos más queridos con mi madre, guardado con cariño en mi corazón.

CUATRO

En nuestro nuevo hogar, conocí a mi primera vecina, María. Ella y su esposo ocupaban la habitación contigua a la nuestra, y no pasó mucho tiempo antes de que ella y mi madre establecieran una buena amistad, habiéndose conocido en el trabajo. El espíritu vivaz de María era contagioso, siempre estaba lista para la broma juguetona, y su risa resonaba a través de las paredes en todo momento del día. Aunque no siempre entendía su humor, estar cerca de ella me hacía sentir cómoda.

La amistad de María iba más allá de simples cortesías. En ocasiones, cuando mi madre tenía que ausentarse, María se ofrecía a cuidarme mientras mi mamá trabajaba, brindándome no solo alimento, sino también un abrazo reconfortante. Se convirtió en una fuente de estabilidad durante momentos de incertidumbre, me daba consuelo y protección.

Una tarde fatídica, ocurrió un incidente aterrador. No recuerdo exactamente cómo comenzó todo, pero sí la furia de mi madre dirigida hacia mí, su rabia palpable mientras avanzaba desde la cocina, con una mirada que me provocaba escalofríos por todo el cuerpo. Duras palabras salieron de sus labios:

"Hija de la chingada, eres una pendeja", acompañadas de amenazas venenosas, "Te voy a poner una buena putiza, cabrona" y otros insultos despectivos que hirieron mi tierna alma. Aterrorizada, instintivamente me hice un ovillo, esperando volverme invisible y protegerme de su ira.

A medida que la furia de mi madre se intensificaba, las lágrimas corrían por mi rostro, mezclándose con mi miedo. Con una voz temblorosa, apenas audible, susurré un ruego desesperado para mí misma:

"Ojalá pudiera escapar". Imploré a mi madre que no me hiciera daño, pero su cólera continuó implacable, sus palabras cortaban el aire como cuchillas afiladas, haciéndome sentir absolutamente inútil.

Incapaz de soportar más el ataque, corrí hacia la puerta de María, mis pequeños puños golpeaban con fuerza mientras gritaba su nombre:

"¡María, María, abre la puerta, pronto!"

Sorprendida y desconcertada por la urgencia en mi voz, ella abrió la puerta rápidamente, permitiendo que me refugiara en su modesto hogar. Temblando, busqué seguridad debajo de su mesa del comedor, una fortaleza que me protegía del caos que se desarrollaba más allá de sus patas de madera.

Mi madre me persiguió, su ira imperturbable, pero María se mantuvo firme en la puerta, actuando como un escudo entre nosotras. Entabló una conversación con mi madre que pareció durar una eternidad; su voz era una melodía armoniosa en marcado contraste con el miedo y la tempestad que había en mí. En ese momento único, la presencia inquebrantable de María me ofreció un atisbo de seguridad y alivio ante la furia de mi madre.

Las secuelas de ese encuentro permanecen fragmentadas en mi memoria. No puedo recordar cuánto tiempo permanecí escondida debajo de la mesa o el camino preciso que tomé al regresar a nuestra habitación. Pero una cosa está grabada para siempre en mi corazón: nunca olvidaré la bondad de María y su protección implacable durante mi momento más vulnerable.

Ese día se convirtió en un peso indescriptible dentro de mí, un recuerdo que perduró mucho tiempo después de que la tormenta hubiera cesado. Fue un momento que expuso mi fragilidad y me sumergió en el miedo, pero también reveló la profunda importancia de tener a alguien a tu lado en situaciones tumultuosas. María fue más que una vecina; se convirtió en un ángel guardián que demuestra el amor y el apoyo incondicional que pueden proteger a un niño vulnerable del daño.

Como niña, puede que no comprendiera completamente la complejidad de la situación, pero hoy entiendo el profundo impacto de la compasión y la protección de María. Al mirar hacia atrás ahora, me siento inmensamente agradecida por su presencia en mi vida. En su abrazo, encontré consuelo, y a través de su bondad, descubrí el poder de un apoyo inquebrantable y la resiliencia del espíritu humano. María se convirtió en algo más que nuestra vecina; devino mi faro de esperanza, recordándome que, incluso en los momentos más oscuros, hay quienes se erigen como guardianes, listos para ofrecer su amor y protección.

Judy Stella

CINCO

Don Paco, un inquilino que vivía junto a su esposa Ana en la habitación a la izquierda de la nuestra, fue una persona que nunca olvidaré. Encarnaba la consideración y amabilidad que se habían convertido en una característica definitoria de nuestra nueva comunidad. Una tarde, ocurrió algo que quedó grabado para siempre en mi corazón, y que iluminó el profundo impacto de los actos de amor, incluso los más pequeños.

Fue durante una visita a su habitación, cuando Ana me invitó a acompañarlos. Con un asentimiento entusiasta, acepté, rebosante de ilusión. Al entrar en su humilde hogar, el aroma de pan dulce recién horneado llenó el aire, atrayendo instantáneamente mis sentidos. Mi emoción creció, sabiendo que me esperaba una dulce golosina.

Al tomar asiento en la mesa de su comedor, vi una pieza rectangular de madera frente a mí. Don Paco, con su cálida sonrisa, me miró y captó mi atención. Para mi deleite, extendió su mano hacia la izquierda y sacó un bote de rotuladores de un armario. El misterio del lienzo de madera y sus intenciones artísticas despertaron mi curiosidad, y me enderecé, tratando de ver destellos de su proceso creativo.

Con paciencia y precisión, Don Paco comenzó a dibujar sobre la superficie de madera, pidiéndome de vez en cuando sugerencias para elegir los colores. Cada momento era como una eternidad mientras esperaba ansiosamente el desenlace de su obra maestra. Me esforzaba por captar siquiera el más leve indicio de lo que se estaba formando ante mis ojos.

Después de lo que pareció una eternidad, Don Paco se puso en pie, una sonrisa radiante iluminaba su rostro.

"Ya está, ¿lista para ver lo que dibujé?", preguntó con una voz llena de expectación. Respondí con una sonrisa exuberante y un enérgico asentimiento, incapaz de contener mi emoción.

En una ceremonia casi solemne, Don Paco giró la pieza de madera hacia mí. En el centro, mi nombre, "Feliz Navidad, Judy", estaba hermosamente inscrito. Alrededor de los bordes, vibrantes imágenes de aves, campanas y flores de Nochebuena danzaban juntas en una sinfonía de color.

Abrumado de alegría, Don Paco extendió sus brazos, colocó la creación de madera en mis manos, y pronunció las palabras que para siempre resonarían en mi corazón: "Es para ti; Feliz Navidad, Judy".

Al recordar esta experiencia ahora, me invade una oleada de gratitud, un profundo sentimiento de aprecio por el pequeño pero significativo acto de bondad de Don Paco. Como niña, ser vista y apreciada, tener a alguien que dedicara su tiempo y creatividad para crear algo tan único y especial fue un momento que dejó una huella perdurable en mi alma.

Aquel hermoso artefacto de madera, con mi nombre y los símbolos festivos de la temporada navideña, representaba mucho más que un regalo tangible. Era un símbolo de amor, un testamento del poder de la conexión y un recordatorio de que, aun en los confines de nuestro humilde hogar, la belleza podía florecer. El gesto artístico de Don Paco fue un delicado recordatorio de que, en medio de los desafíos que enfrentábamos, el amor y la compasión de quienes nos rodeaban tenían el poder de trascender barreras, trayendo luz y alegría a nuestras vidas.

Al reflexionar sobre ese tierno momento, me siento agradecida por la presencia de Don Paco y Ana en nuestras vidas. No solo llenaron nuestros días de risas compartidas en comidas, sino que también me dieron el regalo de pertenencia, recordándome que, dentro del tapiz de nuestra existencia compartida, cada hilo está tejido con cuidado y propósito. Sus genuinos actos de bondad transformaron nuestro nuevo hogar en un refugio, un lugar donde la compasión y la creatividad coexistían, nutriendo las semillas de esperanza y enfatizando la importancia de la comunidad.

Judy Stella

SEIS

A medida que recuperaba la conciencia, la confusión nublaba mi mente mientras intentaba entender el entorno desconocido. Al estar tendida sobre el frío pavimento, mi mente luchaba por comprender el caos que me rodeaba. El mundo estaba borroso, y mis recuerdos eran fragmentos perdidos en las profundidades de la inconsciencia.

Despertar y encontrarme desparramada en medio de la calle fue aterrador, especialmente con los angustiados gritos de mi madre atravesando el desconcierto. Mientras miraba a mi alrededor, tratando de comprender la escena, la vista familiar del mural en la pared que representaba a La Virgencita sirvió como una tenue ancla, ayudándome rápidamente a recuperar el sentido y notar mi entorno en medio del caos y los fuertes ruidos. Las luces intermitentes de los camiones de bomberos y ambulancias añadían un resplandor inquietante al vecindario que llamaba hogar.

Los paramédicos corrían a mi alrededor, sus voces me llegaban amortiguadas y distantes. Podía escuchar sus preguntas urgentes, pero no podía comprenderlas, mucho menos responder. Momentos después, me colocaron suavemente sobre una camilla y me trasladaron a la ambulancia, que esperaba. A mi madre, con el rostro desencajado por la preocupación, le permitieron acompañarme.

Con el paso del tiempo, los fragmentos del incidente se fueron juntando, formando una imagen sombría de lo que había ocurrido aquella noche. Al parecer, en mi emoción por visitar a mi amiga Lucía, que vivía justo al otro lado de la calle, bajé las escaleras apresuradamente y sin precaución. Recuerdo haber visto a mi vecino,

"El Cubano", y haberlo saludado mientras él inclinaba su sombrero con una sonrisa. Sin embargo, los acontecimientos que siguieron a mi descenso seguían siendo borrosos.

Ajena a los peligros que acechaban, crucé la calle apresuradamente solo para ser atropellada por un auto conducido por una mujer que no logró verme. El impacto me lanzó debajo el vehículo, y me arrastró sin piedad durante varios metros.

En un golpe de suerte, mi vecino emergió como un héroe inesperado. Al ser testigo del accidente, corrió hacia la calle, agitando los brazos frenéticamente y gritando a la conductora que se detuviera. Su rápida acción y generosidad finalmente me salvaron la vida.

La gente hablaba de los "y si" que atormentaban las secuelas. Si la conductora no hubiera sido alertada por la intervención de mi vecino, si ella hubiera seguido conduciendo, tal vez no habría sobrevivido esa noche. La gravedad de la situación me inundó, llenándome de un profundo sentido de gratitud por el hombre que intervino para asegurar mi integridad.

El camino hacia la recuperación resultó largo y arduo, marcado por innumerables procedimientos médicos, exploraciones y cirugías. Mientras mi cuerpo llevaba las cicatrices de aquella fatídica noche, las heridas emocionales eran más profundas.

Uno de los aspectos más desafiantes de esta ordalía fue darme cuenta de que mi madre tendría que marcharse del hospital por las noches, y me dejaría sola en la habitación. La llegada de la noche traía consigo una sensación de vulnerabilidad y aislamiento mientras lidiaba con mis miedos y mi dolor sin su reconfortante presencia.

A medida que la sala del hospital se oscurecía, el silencio de la habitación resonaba con mis pensamientos, amplificando el peso de mi situación. Fue en esos momentos, cuando la oscuridad cubría el mundo exterior, que me sentí verdaderamente sola.

Visiones del accidente atormentaban mi mente, con recuerdos fragmentados que se negaban a fusionarse en un relato coherente. El vacío dentro de mí reflejaba la ausencia de respuestas.

Pasarían décadas antes de que pudiera comprender completamente y aceptar la angustia emocional y el trauma que había vivido. Ahora, años después, puedo reflexionar acerca de esa noche fatídica con un profundo sentido de agradecimiento: gratitud por el vecino, cuyas rápidas acciones me rescataron del peligro, por los dedicados profesionales médicos que atendieron mi recuperación, y por la querida amiga que se propuso verificar cómo me encontraba una vez en casa, y me ofreció su apoyo tras el traumático accidente.

Judy Stella

SIETE

A medida que se acercaban los días de Navidad, mi emoción crecía exponencialmente. Siempre había sido mi festividad favorita, y apreciaba todo sobre ella: las luces parpadeantes, la música festiva, la atmósfera acogedora. Sin embargo, solo unos días antes de Navidad, ocurrió un incidente espantoso que podría haber empañado fácilmente mi amor por la temporada navideña. Al reflexionar sobre ello ahora, me asombra cómo logré mantener mi alegría por las fiestas a pesar del inminente caos.

Mi madre había envuelto varios regalos para mis hermanas y para mí, pero como no había espacio para un pequeño árbol de Navidad ni un área designada para los regalos, optó por colocarlos a los pies de mi cama. Siendo una niña curiosa, no pude resistir la tentación de echar un vistazo, rasgando inadvertidamente el papel de regalo para asomarme al interior. Mi madre rápidamente notó el desliz y su actitud cambió.

Se volvió y me miró, con los ojos abiertos de par en par por la ira. Su voz, que normalmente era suave y tranquilizadora, se convirtió en un rugido ensordecedor:

"¿Por qué chingados rompiste y abriste los regalos de Navidad?".

Me quedé paralizada y sentí que la sangre se drenaba de mi rostro. Sabía que me habían atrapado. Aterrorizada, respondí mintiendo rápidamente que no era yo quien había roto el papel de los regalos. Pero mi madre no se dejó engañar.

"No mientas, pendeja, ahora me dices qué fregados es".

Comencé a llorar, sintiéndome acorralada contra la cómoda en posición fetal, rezando para que no me golpeara. Esta no era la primera vez que experimentaba la ira de mi madre, pero aquella ocasión era diferente. Fue el momento que cambió mi visión del mundo para siempre.

Recuerdo el miedo que me consumía frente a mi madre, tratando desesperadamente de convencerla de que no tenía idea de lo que había dentro del regalo. Pero ella no me creyó. En cambio, agarró la pistola de pegamento que estaba en la parte superior de la cómoda y me amenazó con ella, exigiendo que revelara el contenido del paquete.

No sabía qué hacer. Mi mente volaba mientras intentaba encontrar una solución, pero no podía pensar con claridad. Decidí mantenerme firme en mi historia original y le dije de nuevo que no sabía qué había dentro del regalo.

Tan pronto como las palabras salieron de mi boca, el brazo de mi madre disparó hacia arriba, y vi cómo el largo hilo de pegamento se balanceaba sobre mí. Cubrí mi rostro con los brazos y me preparé para el impacto. El dolor fue intenso cuando el pegamento golpeó mis piernas, dejando largas marcas rojas que ardían con cada golpe.

Supliqué a mi madre que parara, pero ella continuó descargando sobre mí la pistola de pegamento. En un momento de desesperación, le dije que era un libro, esperando que me creyera y terminara con la violencia. Pero su rabia solo se intensificó, y temía por mi vida.

Mientras continuaba agrediéndome, me preguntaba cómo había terminado en esta situación. ¿Cómo pudo mi madre estar tan consumida por la ira y la violencia como para atacar a su propia hija? Era una pregunta que me atormentaría durante años.

La ira de mi madre siempre había sido impredecible, y nunca sabía qué la desencadenaría.

"No mientas, estúpida, ¿qué me quieres ver la cara de pendeja?".

Pero esta vez, le había mentido sobre el regalo, y sabía que había llegado demasiado lejos. Mientras ella balanceaba la pistola de pegamento hacia mí, me preparé para el impacto, con el corazón latiéndome con fuerza en el pecho. Cuando finalmente abrí los ojos, vi las marcas formándose en mis piernas, y supe que iba a doler, pero también que no podía seguir mintiéndole.

Solté la verdad sobre el regalo: "Son colores de agua para pintar".

Para mi sorpresa, dejó de golpearme y la habitación quedó en silencio. Sentía las lágrimas corriendo por mi rostro mientras yacía en el suelo, incapaz de moverme.

Cuando se volvió y se alejó, me levanté lentamente, aquejada del dolor en las piernas. No sabía qué hacer a continuación, así que solo me quedé allí, mirándola desaparecer en la cocina. Solo cuando estuve segura de que se había ido, dejé escapar finalmente un sollozo, por el dolor y el miedo de los últimos minutos abrumadores.

Subí por la escalera crujiente, la madera gemía bajo mi peso mientras ascendía a la parte superior de mi litera. Alcancé la cima y solté un suspiro, con mis ojos atraídos por los coloridos regalos de Navidad que me esperaban al pie de la cama. Me desplomé sobre el colchón, limpiando las lágrimas que habían estado corriendo por mi rostro momentos antes.

Mientras estaba allí sentada, un destello llamó mi atención, que despertó mi curiosidad. Lentamente, me acerqué a la ventana, mis dedos rozaban la cortina mientras la apartaba. Mi aliento se detuvo en la garganta al mirar el brillante cielo nocturno. Las estrellas y las luces centelleantes brillaban como diamantes, invitándome a acercarme.

Me incliné, con la nariz pegada contra el cristal, y la mente llena de asombro. ¿A dónde conducían esas estrellas? ¿Dónde estaba ese lugar mágico? Susurré para mí misma, "¿Dónde están las luces? Ahí es donde quiero ir". Las luces representaban un destino que anhelaba, un lugar donde mis sueños pudieran cobrar vida.

Mientras estoy aquí sentada hoy, mirando hacia atrás, a mi infancia, me siento llena de una profunda compasión y amor por la niña que fui. Durante tantos años, cargué con el peso del trauma que experimenté, culpándome por el dolor que tuve que soportar. Pero ahora sé que nunca fue culpa mía.

Si has pasado por un trauma significativo durante tu infancia, por favor, que sepas que no estás solo. Estas experiencias angustiosas tienen peso. No merecías ser maltratado ni abusado, y tu dolor es válido. Es posible encontrar sanación y avanzar de una manera que te haga sentir seguro y empoderado.

Elegir amarte y cuidarte es una de las decisiones más poderosas que puedes tomar. Se necesita valor para enfrentar el dolor y el sufrimiento de tu pasado, pero vale la pena. Mereces sentirte seguro, amado y valorado, y tienes el poder de crear eso para ti mismo.

Rezo por la niña que llevo dentro y por todos los niños que han experimentado un trauma. Ruego para que todos podamos encontrar sanación y paz, y que aprendamos a amarnos y cuidarnos de la manera que merecemos. No estás solo, y eres digno de amor y compasión.

Amor y Fe iluminadores: Una oración por la sanación y el empoderamiento

Creé esta oración para mi propio uso, pero quería compartirla contigo en caso de que pueda ofrecerte algo de consuelo durante momentos difíciles.

Querido/a _____:

    Rezo para que recuerdes cuán amado/a eres y para que nunca pierdas la fe en ti mismo/a ni en la vida. Que siempre busques la luz en tu camino y, cuando la encuentres, que abras tu corazón y tu mente para nutrir tu espíritu y guiarte hacia delante. Que esta luz se comparta con los demás, y que continúes siendo un/a catalizador/a para la sanación de la próxima generación.

    En tiempos de miedo, que elijas la fe sobre el miedo y el coraje sobre la duda. Que siempre escojas la bondad y aceptes humildemente los dones con los que naciste, compartiéndolos con el mundo en nombre del amor.

Nutriendo a tu niño/a interior: Un camino hacia la sanación y el autodescubrimiento

Querido/a niño/a interior:

Quiero tomar un momento para agradecerte, para reconocer el dolor que has soportado y para asegurarte que eres amado/a y valorado/a sin medida. Sé que puede haber habido momentos en los que te sentiste solo/a, asustado/a o poco importante, pero quiero que sepas que esos sentimientos no te definen. Eres digno/a de amor, felicidad y de todas las cosas buenas que la vida tiene para ofrecer.

Entiendo que algunas heridas del pasado aún duelan, pero, por favor, ten en cuenta que no estás solo/a en este viaje. Estoy aquí para ti, para sostener tu mano en los momentos difíciles y celebrar contigo los momentos alegres. Juntos/as, podemos sanar esas heridas y aprender a amarnos y aceptarnos completamente.

Quiero recordarte que seas amable contigo mismo/a, así como lo serías con un amigo que está sufriendo. Mereces compasión, comprensión y paciencia. Está bien sentir tus emociones y tomarte el tiempo que necesites para procesarlas. No eres débil por necesitar ayuda o apoyo; eres valiente por reconocer tu dolor y dar pasos hacia la sanación.

Repite después de mí: "Soy amado/a y merecedor/a de amor. Soy suficiente tal como soy". Estas afirmaciones pueden parecerte extrañas al principio, pero con el tiempo y la práctica, se convertirán en una fuente de fortaleza y consuelo para ti. Cree en ti mismo/a, querido/a niño/a interior, porque eres digno/a de todo el amor y la felicidad del mundo.

Si alguna vez te sientes abrumado/a o necesitas a alguien con quien hablar, no dudes en buscar apoyo profesional. Un terapeuta o consejero puede proporcionarte las herramientas y la orientación que necesitas para navegar por tus sentimientos y experiencias.

Recuerda, querido/a niño/a interior, que no estás definido/a por tu pasado. Tienes el poder de crear un futuro brillante y hermoso para ti. Abraza a tu niño/a interior, cuídalo/a con amor y atención, y observa cómo florece en la increíble persona que estás destinado/a a ser.

Con todo mi amor,
Judy

Liberándote de relatos negativos: Preguntas reflexivas para sanar el trauma

Tómate un tiempo para reflexionar sobre tus experiencias traumáticas y trata de identificar cualquier relato o creencia negativa que hayas desarrollado como resultado de ellas. Por ejemplo, puedes creer que no eres digno/a de amor o que no mereces ser feliz.

1. Piensa en cómo estos relatos tienen a tu niño/a interior como un rehén del pasado. ¿De qué manera te impiden experimentar plenamente la alegría y la conexión con el presente?

2. Considera si estos relatos están basados en la realidad o si son simplemente el resultado de tus experiencias traumáticas. Intenta desafiarlos con afirmaciones positivas o contranarrativas que sean más afirmativas y solidarias.

3. Busca el apoyo de un terapeuta o consejero para trabajar en cualquier relato o creencia negativa que esté manteniendo a tu niño/a interior como rehén del pasado. Ellos pueden ayudarte a desarrollar relatos más positivos y empoderadores que te permitan avanzar y experimentar más alegría y realización en tu vida.

Amando y afirmando a tu niño/a interior: Preguntas de reflexión

1. Considera cualquier diálogo interno negativo contra el que tu niño/a interior pueda estar luchando. ¿Cómo puedes contrarrestar estas creencias negativas con mensajes más positivos y empoderadores?

2. Reflexiona sobre cualquier experiencia pasada que pueda haber causado que tu niño/a interior dudara de sí mismo/a o se sintiera indigno/a. ¿Qué le dirías ahora para ayudarle a superar estas experiencias y abrazar su verdadero yo?

3. Imagina que tienes la oportunidad de hablar directamente con tu niño/a interior. ¿Qué le dirías sobre quien es hoy? ¿Qué afirmaciones positivas le ofrecerías para contrarrestar cualquier creencia negativa que pueda tener?

4. Piensa en cómo puedes seguir nutriendo y apoyando a tu niño/a interior mientras avanzas en la vida. ¿Cómo puedes asegurarte de que se sienta amado/a, valorado/a y escuchado/a?

Recuerda que sanar un trauma pasado requiere tiempo y paciencia, y es importante ser amable y compasivo contigo mismo/a mientras navegas por este proceso.

Práctica de autocuidado: Date un abrazo y pronuncia palabras amables

Esta es una práctica de autocuidado positiva y alentadora que puede ayudarte a sentirte reconfortado/a y apoyado/a. Al darte un abrazo, te estás mostrando amor y cuidado. Hablarte con palabras amables puede ayudar a contrarrestar cualquier diálogo interno negativo y mejorar tu autoestima. Aunque al principio sea incómodo, practicar abrazos a uno/a mismo/a y un diálogo interno amable puede volverse gradualmente más natural y reconfortante con el tiempo. Recuerda: mereces amor y amabilidad.

OCHO

Durante la mayor parte de mi infancia, había vivido en una habitación pequeña, sintiéndome encajonada y sin espacio personal propio. Sin embargo, las cosas cambiaron cuando me mudé al nuevo apartamento: un edificio alto y blanco situado en una esquina entre dos calles: Grevillea Avenue y Lennox Boulevard. Las dos grandes palmeras que había justo fuera de la ventana de mi habitación llenaban el aire junto con el delicioso aroma del pan recién horneado de la Gran Villa Bakery. También podía escuchar la música del apartamento de nuestro vecino de arriba tocando la melodía "Querida, dime cuándo tú, dime cuándo tú, ah, ah".

Era un día de mudanza y no podía evitar tener una sensación de incredulidad. Aquello realmente estaba sucediendo. Finalmente íbamos a tener nuestro propio espacio. Se acabaron los dormitorios estrechos y compartir el baño con los vecinos. Mi corazón latía de emoción mientras corría de un lado a otro por el pasillo de nuestro nuevo apartamento. No podía esperar para mostrarles a mis hermanitas nuestra nueva habitación y todo el espacio que ahora teníamos.

Cuando entramos, la pintura fresca y la alfombra nueva nos recibieron. Olía a limpio y nuevo, como el comienzo de un nuevo capítulo en nuestras vidas. Era como un lienzo en blanco esperando que lo llenáramos de nuevos recuerdos y risas. Corrí por el pasillo, contemplando cada centímetro de nuestro nuevo hogar. Podía sentir la emoción burbujeando dentro de mí y me invadió una sensación de incredulidad y alegría.

El sentimiento de asombro y felicidad que surgió al mudarnos a nuestro nuevo departamento duró poco, ya que pronto se convirtió en una experiencia horrible. Una pesadilla en una cálida noche de verano. Fue poco después de mi décimo cumpleaños. Mi madre acababa de empezar a trabajar en el turno de noche en su nuevo trabajo para cubrir el incremento del alquiler y de las facturas que conllevaba la nueva casa. En consecuencia, mi padrastro tuvo que cuidarnos durante su ausencia. Recuerdo que mis hermanas menores estaban durmiendo en sus camas cuando mi padrastro me pidió que me uniera a él en la bañera, lo cual era una petición inusual. Lo seguí al baño, él solo estaba en ropa interior. Luego me sugirió que me sentara en sus partes íntimas, y lo único que puedo recordar de ese momento es mirar hacia delante, al grifo de la bañera, y sentir el agua tibia corriendo por mis manos.

Casi al mismo tiempo que el incidente de la bañera, recuerdo otra noche en la que me preguntó si quería jugar. A pesar de ser joven e ingenua, acepté con entusiasmo. Corrí al pasillo para buscar el juego de mesa "Serpientes y escaleras" y rebusqué entre el desorden para encontrar los dados que faltaban. Se acercó a mí rápidamente.

"No, ese juego, no", dijo.

En lugar de eso, sugirió que fuéramos al dormitorio, que me mostraría un juego diferente.

Esa misma noche, recuerdo estar dando vueltas en mi cama. Dormía en la litera de arriba y hacía mucho calor durante el verano. Una noche, me desperté abruptamente, miré a mi derecha y me sorprendí al verlo allí parado. Mirándome directamente, sonrió.

"Vine a ver cómo estaban, chicas, y a asegurarme de que estuvieran bien, ya que se quitan las mantas en medio de la noche", dijo.

Recuerdo sentirme paralizada, sin saber cómo responder. Mi cuerpo estaba tenso, como si no pudiera moverme. Cuando mi cuerpo finalmente pudo responder, me senté y recogí la manta que estaba al final de mis pies y el edredón, y rápidamente los levanté hasta mi cuello para cubrirme el cuerpo.

Vestida con una bata transparente y ligera, algo necesario en nuestro sofocante apartamento, pasarían más de veinticinco años antes de encontrar el coraje para revelar este recuerdo enterrado a mi terapeuta. El peso de la culpa y la vergüenza de esa fatídica noche persistieron, escondidos en lo más profundo de mí, hasta que ya no pude soportar la carga.

Al reflexionar sobre mi infancia, llego a comprender que ser víctima de abuso sexual no fue culpa mía. No fue por la ropa que llevaba ni porque inocentemente dije que sí a jugar con esa persona. Fue porque aquella persona se comportó de una manera que violaba mi confianza, seguridad y bienestar. Yo era solo una niña, no tenía una comprensión real de lo que ocurría durante ese tiempo.

Aquella persona se había presentado como amable, cálida y afectuosa. Solo años después aprendí sobre el proceso de preparación y cómo se utilizaba para ganarse la confianza de sus víctimas. Fue desgarrador darme cuenta de que alguien en quien había confiado tanto me había traicionado de un modo tan terrible.

Durante años, había reprimido estos recuerdos, por miedo a enfrentarlos y tener que decir en voz alta las palabras "Fui abusada sexualmente". Fue un proceso doloroso pasar por las fases de pena, ira, tristeza, confusión y agitación emocional. Tuve mucho enojo conmigo misma durante muchos años porque seguí colocando a esta persona en un pedestal por todas las buenas obras, por cómo apoyó a nuestra familia durante muchos años.

También fue difícil afrontar lo que me había sucedido, y durante muchos años permanecí en silencio porque temía desafiar el statu quo. No quería crear confusión en nuestra familia porque tenía miedo de cómo impactaría y afectaría mi relación con mis hermanos.

Tan pronto como le conté a mi madre el abuso que había experimentado, pude ver la conmoción y el miedo escritos en su rostro. Ella seguía haciéndome preguntas y podía sentir su desesperación por entender lo que había sucedido. Aunque fue abrumador, sabía que tenía que decírselo, no solo por mí, sino también para proteger a mis hermanos menores del mismo destino.

No fue hasta muchos años después, en una sesión de terapia, que me di cuenta de que mi motivación para revelarle el abuso a mi madre estaba impulsada por la necesidad de proteger a mis hermanos. Mirando hacia atrás, sé que no tenía el lenguaje para articular completamente lo que había ocurrido, pero doy las gracias por haber encontrado el coraje para hablar.

NUEVE

Sentada en la sala, podía escuchar la voz de mi madre elevándose mientras se enfrentaba a mi padrastro. Aunque no lograba discernir con exactitud la conversación, recuerdo vívidamente la intensidad del momento. A pesar de los intentos de mi padrastro por restarle importancia y calmar a mi madre, ella estaba resuelta.

Exigía una explicación, y en un momento, él cedió; me acusó de mentir y afirmó su inocencia. Incluso llegó al punto de sugerir que podría ser falsamente acusado y enfrentar consecuencias legales.

No puedo recordar exactamente lo que sentí en aquel momento de confrontación, pero cuando finalmente reuní el valor para hablar de ello en terapia, la experiencia fue dolorosamente desgarradora para mi alma. Incluso ahora, mientras escribo esto, una ola de emociones me abruma. La ira, el dolor y la frustración consumen mis pensamientos mientras trato de lidiar con la injusticia de todo aquello. Ojalá hubiera encontrado mi voz en ese instante, pero estaba inmovilizada, oculta detrás del sofá, incapaz de moverme o hablar.

Mi madre siguió enfrentándose a mi padrastro, exigiendo respuestas y tratando de entender lo que había sucedido. La discusión continuó por lo que parecieron horas, hasta que finalmente mi madre fue a su habitación y comenzó a arrojar sus pertenencias al suelo. Le dijo que debía dejar el apartamento, y él comenzó a empacar frenéticamente sus cosas.

Mientras recogía su ropa y otras pertenencias y las guardaba en su camioneta, podía ver la preocupación y el agobio reflejados en su rostro. Esa noche no durmió en el apartamento, sino que eligió dormir en el auto. La noche en que mi padrastro se marchó de nuestro apartamento y comenzó a dormir en su camioneta fue un punto de inflexión para nuestra familia. Su presencia desapareció, y las cosas fueron diferentes, pero las secuelas de la pelea fueron algo que no había previsto.

Recuerdo esa noche vívidamente. Fue después de haberle confiado a mi madre el abuso sexual que había sufrido. Estaba profundamente dormida cuando fui despertada de golpe por los fuertes pasos y gritos de mi madre. En un estado de confusión, la observé mientras encendía la luz de mi habitación, me quitaba la cobija de un tirón y me agarraba del cabello arrastrándome fuera de la cama. Me gritaba, usando una serie de insultos que nunca olvidaré.

"Eres una sucia, estúpida, ni para limpiar tu cuarto sirves", gritaba. "No sirves para nada, así te has de limpiar el culo".

Estaba aterrada y no entendía lo que ocurría. Al caer al suelo, noté que mi madre comenzaba a sacar ropa de mi armario y a vaciarlo de todos mis juguetes y cuanto encontraba, colocándolo todo en el centro de mi habitación. Seguía gritando, diciendo lo sucio que estaba mi cuarto y que lo iba a limpiar inmediatamente.

Mi madre tomó uno de los ganchos y se abalanzó sobre mí. Sabía lo que estaba a punto de suceder, y era doloroso admitir que ya me había encontrado en esa situación antes. Rápidamente me acurruqué en posición fetal, cerré los ojos con fuerza y me preparé para el primer golpe. Segundos después, sentí cómo el gancho de plástico golpeaba mi pierna, lo que me hizo soltar un fuerte grito. Los golpes siguieron cayendo uno tras otro, hasta que lloraba de dolor y le suplicaba que se detuviera.

Estaba aterrada, pensaba que nunca dejaría de golpearme. Pero en un momento mi madre se cansó y se detuvo, me dejó en el suelo, sollozando con lágrimas corriendo por mis mejillas.

"Limpia tu cochinero", me dijo, mirándome antes de volverse y dejarme allí para que limpiara el desorden.

Intenté levantarme lentamente, pero mis piernas me dolían tanto por la golpiza que me hizo llorar aún más. Cuando finalmente logré ponerme en pie, vi varias líneas verticales e hinchadas en mis piernas, las marcas de los golpes.

Mirando hacia atrás, sé que mi madre estaba desquitándose por su propia frustración y enojo acerca del abuso físico que le había revelado. Pero en ese momento, solo era una niña asustada y confundida, tratando de entender lo que me estaba pasando.

Han pasado más de treinta años desde aquel fatídico verano, y al reflexionar sobre mi camino, me siento orgullosa de lo lejos que he llegado. Una de las decisiones más importantes que he tomado ha sido encontrar el valor para confrontar lo que me había sucedido.

Durante muchos años, no conecté los puntos entre los síntomas de mi trastorno de estrés postraumático (TEPT) y el abuso sexual que había sufrido. La vida siguió como si nada hubiera pasado, pero estaba atormentada por la depresión, la ansiedad y una sensación persistente de vacío. Hubo momentos en los que experimentaba ataques de pánico desencadenados por ciertas conversaciones o por estar en la presencia de mi abusador. Incluso el convertirme en madre trajo una nueva oleada de turbulencia emocional.

No fue hasta que busqué terapia que comencé a entender la verdadera magnitud del trauma que había experimentado. El camino no fue fácil, pero era necesario para sanar y avanzar. A través de la terapia, pude enfrentar el pasado y obtener una comprensión más profunda de cómo el abuso había afectado a mi vida.

Quiero que otras personas que han experimentado abuso sexual sepan que no están solas. Puede llevar tiempo reconocer los síntomas del trauma y entender la fuente de nuestro dolor, pero con el apoyo adecuado y la orientación correcta, la sanación es posible. Al enfrentar nuestro pasado, podemos obtener una mayor autoconciencia y avanzar con una renovada fortaleza y esperanza para el futuro.

Al mirar hacia atrás, me doy cuenta de lo importante que es alzar la voz y buscar ayuda cuando somos víctimas de abuso. No es culpa nuestra, y nunca debemos sentir vergüenza de compartir nuestras vivencias y buscar consuelo. Al hablar, no solo nos ayudamos a nosotros mismos, sino que también ayudamos a otros que puedan estar pasando por experiencias similares.

Si tú o alguien que conoces ha experimentado abuso sexual, recuerda que no es culpa tuya. Muchas veces, nuestra mente bloquea ciertos recuerdos como un mecanismo de defensa para protegernos de un daño psicológico mayor.

Como alguien que ha pasado por varios años de terapia, he podido hacer frente a los pocos recuerdos que tengo con el apoyo de un profesional de salud mental. Al descubrir y desenterrar las capas de mi dolor y sufrimiento, adquirí una nueva comprensión de cómo los incidentes de abuso sexual me afectaron a lo largo de los años.

Fue difícil encarar y aceptar la cruda verdad de que durante muchos años me había culpado por lo que me había sucedido. Aprendí que esta es una respuesta común entre muchas víctimas de abuso sexual. La realidad es que el perpetrador es el único responsable de sus acciones y comportamientos, nunca la víctima.

A través de la terapia, aprendí cuán importante es ser pacientes con nosotros mismos mientras sanamos. La sanación del abuso sexual es un proceso difícil y a menudo largo, pero es posible. Debemos darnos permiso para sentir el dolor, la tristeza y la rabia que quizás hayamos enterrado dentro de nosotros durante años.

Una oración de solidaridad y apoyo

Querido/a _____,

Hoy elevo mis oraciones y me uno a ti en solidaridad. Por favor, recuerda que tienes todo mi amor y apoyo incondicional. Entiendo que lo que te ha sucedido no se puede deshacer, pero rezo para que recibas el consuelo y la valentía necesarios para enfrentar este dolor inimaginable.

Que experimentes una verdadera sanación y encuentres la valentía para caminar por el sendero hacia la paz interior. Ruego que reconozcas tu valor y te sientas amado/a cada día. Que cualquier falsa vergüenza que sientas o experimentes en ocasiones sea erradicada de tu vida. En su lugar, que encuentres gozo, esperanza y paz.

Que comprendas y creas plenamente que el abuso no es culpa tuya, y que tu verdad puede liberarte en tu viaje hacia la sanación. Que te sientas fortalecido/a y empoderado/a con el coraje y la valentía para buscar la ayuda y el apoyo que necesitas y mereces.

Que todo lo que sea necesario para tu sanación salga a la luz, y que seas guiado/a a recibir la ayuda adecuada. Que encuentres ánimo e inspiración en aquellos que han sido restaurados y transformados después de haber sufrido abuso. Sigamos ganando fuerzas y abogando por nosotros mismos y por aquellos que han sido heridos y agraviados.

Con mi amor y mi apoyo,
Judy

Un enfoque compasivo: Preguntas de reflexión para supervivientes de abuso sexual en su viaje de sanación

1. ¿Cómo enfrentas actualmente los efectos del abuso en tu vida? ¿Son estos mecanismos de afrontamiento útiles o perjudiciales para tu bienestar general?

2. ¿Cuáles son algunos de los mensajes que has internalizado sobre ti mismo/a como resultado del abuso? ¿Cómo han impactado estos mensajes en tu sentido de autoestima y en tus relaciones con los demás?

3. ¿Cuáles son tus sistemas de apoyo? ¿Cómo puedes seguir construyendo y fortaleciendo estas relaciones para reforzar tu viaje de sanación?

4. ¿Cómo te sientes actualmente acerca de buscar ayuda profesional para tu viaje de sanación? ¿Qué barreras podrían estar impidiéndote buscar este tipo de apoyo y cómo puedes superarlas?

5. ¿Cuáles son algunas prácticas de autocuidado en las que puedes participar para apoyar tu bienestar emocional y físico de manera regular? ¿Cómo puedes priorizar estas prácticas en tu vida de aquí en adelante?

DIEZ

Una semana después, las cosas en casa volvieron a estar tranquilas, como si nada hubiera pasado. Mi madre comenzó a prepararle la cena, a lavar su ropa y a planchar su uniforme para el trabajo. Con el tiempo, todo volvió a una apariencia de normalidad, y las visitas de mi padrastro se hicieron más frecuentes. Estaba de regreso en nuestras vidas diarias, y yo me encontraba confundida sobre cómo debía sentirme. Por un lado, me sentía aliviada por que el abuso hubiera cesado, pero, por otro lado, no podía sacarme de encima la sensación de que algo no marchaba bien.

Nunca hablamos sobre lo que sucedió aquella noche ni sobre el abuso que había experimentado. El elefante en la habitación era demasiado grande para enfrentarlo, y se convirtió en un acuerdo silencioso al que todos parecíamos adherirnos. Pero, aunque nunca hablamos de ello, el abuso dejó una marca duradera en la dinámica familiar, y las cosas nunca volverían a ser las mismas.

Después del conflicto con mi padrastro, una pesada carga se posó sobre mis hombros. Sentía como si el peso del mundo estuviera presionándome, y me quedé sola para lidiar con mis emociones. No había un sistema de apoyo en el que pudiera sostenerme, ni una voz reconfortante que me asegurara que todo iría bien.

Ansiaba tener a alguien con quien hablar, alguien que escuchara sin juzgar y que me brindara consuelo en momentos de necesidad. Pero, por desgracia, no había nadie. Mi madre, quien debería haber sido mi pilar de fortaleza, parecía ajena al torbellino que se gestaba dentro de mí. Nunca me preguntó cómo me sentía, ni inquirió sobre el miedo que había echado raíces en mi corazón.

¿Acaso no escuchaba el temblor en mi voz o veía el destello de ansiedad en mis ojos? ¿No comprendía el inmenso peso de tenerlo de vuelta en nuestro hogar? Me preguntaba si ella misma se sentía segura, o si su confianza ciega nublaba su juicio. Tal vez tenía demasiado miedo de enfrentar al elefante en la habitación, o de las respuestas que podría encontrar.

Había incontables preguntas sin respuesta que atormentaban mis pensamientos. ¿Representaba mi padrastro una amenaza para mi seguridad? ¿Volvería a repetir sus actos abusivos? Me estremecía ante la idea de soportar ese dolor otra vez, con los recuerdos aún frescos en mi mente. Pero el silencio prevalecía. Me tragaba mi voz y dejaba mis miedos sin respuesta.

El diálogo interno durante ese tiempo era un torbellino de emociones conflictivas y preguntas sin resolver. Sentada alrededor de la mesa del comedor con mi familia, la mera presencia de mi padrastro desataba un torrente de pensamientos. ¿Cómo debería actuar? ¿Cómo debería comportarme cuando él viniera a cenar? La incertidumbre de todo ello pesaba intensamente sobre mí.

Evitar el contacto visual se convirtió en mi estrategia de supervivencia, una manera de protegerme de su mirada y del malestar que provocaba en mí. No podía soportar mirarlo a los ojos, pues temía que allí se ocultaran secretos e intenciones que no me atrevía a descubrir. La mesa se convirtió en un campo de batalla de tensión no expresada, cada momento cargado de pensamientos no dichos y de un dolor no reconocido.

¿Aún debo llamarlo papá? La pregunta resonaba en mi mente, flotando en el silencio entre nosotros. La palabra se sentía extraña en mis labios, una designación vacía que apenas tenía sentido. El vínculo de padre e hija había sido destrozado por sus acciones, y me debatía en la confusión de si debía seguir usando un término que llevaba connotaciones tan profundas.

¿Y cómo debía sentirme cuando me trataba con amabilidad y me sonreía? Emociones encontradas tiraban de mis fibras internas.

Por un lado, sus momentos de calidez y afecto encendían una chispa de esperanza en mí. Quizás, pensaba, él había cambiado. Quizás había bondad oculta bajo las capas de oscuridad. Pero debajo de ese destello de esperanza, persistía una desconfianza y un miedo profundamente arraigados. No podía abrazar completamente su amabilidad, siempre atenta a los posibles motivos ocultos que podían esconderse debajo.

Cuando él se acercaba demasiado a mí, mi incomodidad se intensificaba. Deseaba que se mantuviera a distancia, tanto física como emocionalmente. Los límites entre nosotros habían sido destrozados, y su proximidad enviaba oleadas de inquietud por todo mi ser. Anhelaba espacio, seguridad, la capacidad de respirar libremente sin el peso de su presencia asfixiándome.

"Deja de hablar", rogaba en silencio. "Deja de sonar como si fueras una persona cariñosa, mientras las cicatrices de tus acciones aún me atormentan". Las palabras que pronunciaba llevaban un aire de falsa sinceridad, y yo anhelaba honestidad y autenticidad. La disonancia entre sus palabras y sus actos pasados desgarraba mi frágil sentido de confianza.

En lo más profundo de mi ser, albergaba un ferviente deseo. Deseaba que simplemente se marchara y nunca volviera a nuestro hogar. Anhelaba una vida libre de su influencia, una vida en la que mi familia pudiera sanar y reconstruirse sin el recordatorio constante de su presencia.

En medio del caos de preguntas sin respuesta y emociones contradictorias, me aferraba a una pizca de fortaleza. Era una fortaleza que me susurraba, animándome a encontrar mi voz, a reclamar mi poder y a forjar mi propio camino hacia la sanación. Aunque el silencio persistía, sabía en lo más profundo de mí que un día encontraría el valor para romperlo, para enfrentar las preguntas que atormentaban mis pensamientos y para encontrar las respuestas que tan desesperadamente buscaba.

Judy Stella

ONCE

Anhelaba una salida, una forma de liberar mi ira, mi dolor y la tristeza que me consumían. Pero en los confines de mi lucha solitaria, me di cuenta de que no vendría nadie a rescatarme. Creo que fue entonces cuando comenzó mi pasión por la lectura.

Hoy, al reflexionar sobre mi camino y el impacto de la lectura en mi vida, comparto una confesión medio en broma, medio en serio: mi primer libro de autoayuda fue *Alexander y el día terrible, horrible, espantoso, horroroso*. De alguna manera, es un reconocimiento al poder de la literatura para brindar consuelo y guía, incluso en los lugares más inesperados.

Como niña, me sentí identificada con la historia de Alexander y ese día que parecía empeorar a cada momento. Era un relato de frustración, decepción y un anhelo por que vinieran días mejores. En mi propia vida, enfrentaba desafíos y dificultades que parecían insuperables. Pero dentro de las páginas de ese simple libro infantil, encontré un destello de esperanza.

Cada mañana durante los fines de semana, me despertaba y me dirigía a la cocina, con una familiar sensación de excitación burbujeando en mi interior. Mientras me servía un tazón de cereales, mi mente ya estaba llena de emoción; sabía que mi verdadero destino no estaba fuera, entre amigos o en el bullicio del mundo. No, mi verdadero santuario me esperaba en mi propia habitación.

Con el tazón de cereales terminado, volvía rápidamente a mi cama, ansiosa por sumergirme en el mundo que habitaba entre las páginas de un libro. Acurrucada bajo las cobijas, abría el libro que reposaba a mi lado, sus páginas desgastadas y su aroma familiar me proporcionaban una sensación de consuelo. El mundo exterior desaparecía mientras me adentraba en la historia que tenía frente a mí.

Las horas pasaban volando, mientras me perdía en los cautivadores relatos que se desplegaban en las páginas. Aventuras, misterios y mundos fantásticos se convirtieron en mis compañeros, transportándome lejos de las dificultades de mi propia vida. Los personajes de los libros eran como mis amigos, sus triunfos y luchas estaban entrelazados con los míos.

En la tranquila soledad de mi habitación, podía escapar del caos y encontrar consuelo. El peso del abuso, las tensiones familiares y las palabras no dichas se disipaban temporalmente mientras me embarcaba en viajes literarios. Con cada página, descubría nuevos ámbitos de coraje, resiliencia y esperanza.

Leer no era solo un pasatiempo, era mi salvavidas. Nutría mi imaginación, expandía mis horizontes y me ofrecía una idea a lo que podría ser una vida mejor, una puerta hacia posibilidades infinitas. Me brindaba una vía de escape del dolor y un respiro temporal de la realidad. Dentro del mundo de los libros encontré fortaleza, inspiración y la creencia de que había algo más en la vida que lo que había experimentado.

Mientras me perdía en las historias, sentía un renovado sentido de propósito. Leer avivó mi pasión por el conocimiento, profundizó mi comprensión de la experiencia humana y me recordó el poder de contar historias. Se convirtió en una fuente de fortaleza, un recordatorio constante de que no estaba sola y de que había esperanza más allá de las luchas que libraba.

Incluso ahora, como adulta, mi amor por la lectura sigue presente. Se ha convertido en una compañera de vida, un santuario al que siempre puedo regresar y del cual inspirarme. Me guio en los momentos más oscuros y continúa acompañándome en mi viaje de sanación y crecimiento. Me enseñó sobre la resiliencia del espíritu humano, la importancia de encontrar mi voz y las posibilidades infinitas que existen dentro de las páginas de un libro.

DOCE

A pesar del peso abrumador de mis circunstancias, había un destello de fortaleza dentro de mí que se negaba a extinguirse. Esa fortaleza provenía de mi profundo amor y sentido de responsabilidad hacia mis hermanas menores. En sus rostros inocentes, encontré un propósito y una razón para seguir adelante.

Ellas se convirtieron en mi ancla, mi razón para estar presente cada día. El peso de la responsabilidad se asentó sobre mis jóvenes hombros, y aunque ningún niño debería cargar con una responsabilidad tan inmensa, sentía una profunda gratitud por el rol que tenía en sus vidas. Era un trabajo enorme, y requería que creciera más rápido de lo que mi edad debería haber permitido.

Cuidar de mis hermanas me dio un sentido de propósito, una razón para atravesar la oscuridad que nos rodeaba. Me recordaba que tenía algo que proteger, algo por lo que luchar. Ante la incertidumbre y el miedo, sus sonrisas y risas inocentes se convirtieron en mi luz guía.

Más adelante, el concepto de *niño parental* comenzaría a resonar en mí, cuando aprendí sobre el impacto psicológico de tener más responsabilidad de la que debería tener un niño promedio. La gente me decía que era madura para mi edad, que llevaba el peso de una cuidadora. Aunque era una carga pesada, también me salvó, posiblemente, de tomar un camino más oscuro.

En medio del caos y el dolor, cuidar de mis hermanas me dio un sentido de estabilidad y propósito. Proporcionaba una semblanza de normalidad en una situación que no tenía nada de normal. Cocinaba para ellas, me aseguraba de que estuvieran a salvo y les brindaba el amor y el apoyo que yo misma anhelaba.

Al reflexionar sobre esos tiempos difíciles, reconozco la fortaleza que floreció en mí a través de mi rol de cuidadora. No era una circunstancia ideal, pero me inculcó una resiliencia y determinación que me guiarían en mi camino de sanación y crecimiento.

Hoy, estoy agradecida por la oportunidad de ser un modelo positivo para mis hermanas y mi hermano. Ellos son mi motivación para continuar en este viaje de sanación y crecimiento personal. La responsabilidad que una vez llevé sobre mis jóvenes hombros se ha transformado en un compromiso para crear un futuro mejor, tanto para mí como para ellos.

TRECE

A medida que la vida seguía adelante, una vez más encontré consuelo en la amabilidad de una maestra convertida en mentora. La Sra. Sopa, mi profesora de quinto grado, se convirtió en algo más que una mentora para mí; fue una luz guía, y se grabó para siempre en mi corazón. Entrar a su salón de música era como entrar en un iglú, el frío me envolvía. Pero no me importaba; su presencia valía la pena. Su sonrisa cálida y su sincero cariño creaban un refugio en su aula.

Durante nuestras lecciones de música, la Sra. Sopa compartía su amor por varios géneros, pero fue su admiración por Elvis Presley lo que más resonó en mí. Al mirar hacia atrás, me doy cuenta de que su pasión por el rock and roll probablemente influyó en mi propio interés naciente por el género. Ella, sin saberlo, encendió una chispa en mí, despertó un amor por la música que también me acompañaría en momentos difíciles.

A medida que se acercaba el final de quinto grado, me entristecía la idea de dejar a la Sra. Sopa atrás al pasar a la escuela secundaria. No podía imaginar comenzar el próximo capítulo de mi vida sin ella, sin poder ver su sonrisa cálida y entrañable. Durante el período más oscuro de mi vida, su sonrisa y su sincero cariño me habían brindado consuelo y estabilidad.

Sin embargo, el destino tenía un plan diferente para mí. Durante mi primera semana en la escuela secundaria, descubrí que la Sra. Sopa también enseñaría allí. Sentí como si mis oraciones hubieran sido respondidas. Su presencia se convirtió en una fuente de consuelo mientras enfrentaba los desafíos de esa nueva etapa. Durante la hora del almuerzo, buscaba refugio en su salón, ofrecía mi ayuda y me sentía acogida por su cálido saludo. En mi cumpleaños, me sorprendió con una tarjeta personalizada, recordándome que mi presencia importaba a alguien. En su aula, me sentía vista, amada y como si tuviera un lugar en el mundo.

Durante la escuela secundaria, me uní a un programa juvenil donde se impartían habilidades importantes para la vida, como la creación de un currículum y el desarrollo personal. Para la ceremonia de finalización del programa, invité a la Sra. Sopa. Nunca olvidaré la imagen de ella entrando y tomando asiento entre la audiencia, su sonrisa irradiando orgullo y apoyo. Después de la ceremonia, me felicitó con un cálido abrazo y me entregó una bolsa de regalo. Dentro, encontré un hermoso pisapapeles de vidrio con una flor amarilla, un bolígrafo en forma de ángel y un pasaje de Las Escrituras en una tarjeta de 5x7 con mi nombre en el centro. El Salmo 145:3 se convirtió en un tesoro muy querido. Con el paso de los años, en momentos de lucha, lo mantenía cerca, encontrando consuelo en sus palabras.

Hace unos años, impulsada por una profunda gratitud y un deseo de expresar mi aprecio, comencé a buscar a la Sra. Sopa, con la esperanza de un reencuentro. Desafortunadamente, recibí la desgarradora noticia por parte de un antiguo compañero de clase de que ella había fallecido. El peso de la pérdida me golpeó como una ola, y busqué consuelo en mis sesiones de terapia para procesar el duelo.

Aunque ya no está físicamente presente, el impacto de la Sra. Sopa en mi vida sigue siendo profundo. Su amabilidad, guía y apoyo inquebrantable fueron un faro de luz en mis días más oscuros. Los recuerdos que compartimos, las lecciones que me enseñó y la calidez de su sonrisa continúan moldeando mi camino.

En mi corazón, llevo la gratitud que desearía haber podido expresarle personalmente, y al reflexionar sobre su legado, recuerdo la importancia de la bondad, la mentoría y el impacto profundo que un alma compasiva puede tener en la vida de otra persona. La memoria de la Sra. Sopa vive para siempre impresa en mi corazón, como un recordatorio del poder de la compasión y de la influencia duradera de una maestra que realmente se preocupa.

CATORCE

Desde mis primeros recuerdos, se me inculcó la importancia del trabajo duro. Cada día me levantaba y comenzaba de inmediato con las tareas y quehaceres que me esperaban, asumiendo las responsabilidades de cuidar a mis hermanos menores. Incluso en los días en que íbamos al parque para un breve respiro, mi madre me hacía buscar latas y botellas en los basureros. Para cuando salíamos del parque, nuestra pequeña bolsa de basura estaba llena hasta arriba.

Los fines de semana, me llevaba al costado de la casa, y me indicaba que aplastara las latas con los pies y separara las latas de aluminio de las botellas de vidrio. Pasaba de tres a cuatro horas los sábados por la mañana llevando a cabo esta tarea meticulosamente. Una vez terminada, íbamos a un centro de reciclaje cercano para intercambiar las latas por dinero en efectivo. A veces, como premio, mi madre nos llevaba a mis hermanos y a mí a nuestro lugar favorito: Jim's Burgers. La anticipación de esa comida me llenaba de emoción, y con entusiasmo preparaba la mesa con servilletas y pequeños platos mientras ella cortaba las hamburguesas por la mitad para que las compartiéramos.

Recoger material reciclable no era la única forma en que lidiábamos con nuestras dificultades financieras. Hubo una época en la que mi madre encontró un trabajo temporal en una lavandería. Su labor consistía en asegurarse de que todos los clientes hubieran salido antes de la hora de cierre. Algunas de esas tareas me las asignaba a mí, como retirar el jabón con un cepillo y secar cuidadosamente las tapas de las máquinas mientras ella barría el suelo. Luego tenía que esperar mientras ella pasaba un trapo por todo el local.

Varias noches me ofrecía a asumir más responsabilidades para terminar antes. Mi madre me pasaba una escoba, y barríamos juntas: un lado para ella y el otro para mí. A menudo, esperábamos pacientemente a que el último cliente terminara para que ella pudiera cerrar las puertas y comenzar a limpiar el suelo. Para entonces, ya pasaban de las 10 de la noche, y me indicaba que me acostara en un banco mientras ella terminaba. El cansancio y la fatiga me consumían, y me acurrucaba en el banco, temblando de frío. Después de aproximadamente cuarenta minutos, mi madre me daba un suave empujón en el hombro, y me despertaba con estas palabras: "Vámonos ya, es hora de irnos a la casa".

Por aquel entonces, mi madre no tenía auto, así que caminábamos de noche seis cuadras, desde El Lennox Pollo en Inglewood Avenue hasta La Gran Villa Bakery en Grevillea Avenue.

Una noche en particular, al dar vuelta a la esquina de Lennox Boulevard, nos topamos con un carrito de la compra vacío. Con una sonrisa cansada y un leve asentimiento, mi madre lo señaló.

"Ándale, súbete al carrito y yo te paseo hasta la casa", dijo. Me subí feliz, agradecida por el descanso del esfuerzo físico y por el pequeño momento de alegría que traía durante esos tiempos difíciles.

Al llegar a casa, me quitaba los zapatos apresuradamente, sin ponerme el pijama ni cepillarme los dientes. Exhausta después de un largo día de escuela y trabajo nocturno en la lavandería, me dejaba caer en la cama. A la mañana siguiente, la voz de mi madre me sacaba del sueño con su familiar llamado para despertarme: "Judy, ya levántate, es hora para ir a la escuela".

El ciclo de trabajo duro y perseverancia continuaba, entrelazado en el tejido de nuestra vida diaria. A pesar de los desafíos que enfrentábamos, mantenía una chispa de esperanza, sabiendo que cada día traía nuevas posibilidades y una oportunidad para forjar un futuro mejor. Y dentro de esos momentos de lucha, encontraba fortaleza y resiliencia, guiada por la fuerte ética del trabajo y la determinación de mi madre.

.

QUINCE

Nos mudamos a una nueva casa en Dalerose Avenue, y me enamoré de ella de inmediato. Nuestro nuevo hogar me brindaba una sensación de serenidad, una vía de escape pacífica del ambiente turbulento que consumía nuestra vida en casa. Los cambios de humor de mi madre y su abuso emocional eran una tormenta constante, pero, a pesar de todo, el parterre delantero con su hermoso pasto verde, el limonero y las flores coloridas ofrecían un refugio seguro. Cada tarde encontraba consuelo en el acto de regar las flores y respirar aire fresco, un respiro de los desafíos que plagaban nuestro hogar debido a la inestabilidad emocional de mi madre y su abuso.

Como el destino lo quiso, otra familia se mudó a la casa trasera unos meses después de instalarnos. Era un grupo peculiar: una mujer mayor y sus tres hijos. Uno de ellos, el menor, captó mi atención un día fatídico cuando pasó por el camino de entrada mientras yo sacaba la basura. Nuestras miradas se cruzaron y sentí una oleada de nervios que me dejó sin palabras. Él me saludó con una cálida sonrisa y un gesto con la mano, pero rápidamente me retiré a mi casa, sin saber cómo responder.

Sin embargo, el destino tenía otros planes, y seguimos encontrándonos. Con cada encuentro, mis nervios comenzaron a disminuir, y eventualmente empezamos a conversar. Era amigable y tenía un encanto sencillo que me relajaba. Descubrimos que compartíamos la pasión por los deportes, y que éramos hinchas de los mismos equipos de béisbol y baloncesto: los Dodgers y los Lakers, respectivamente.

A medida que nuestros encuentros se sucedían, no pude evitar sentir algo por él. Me hacía sentir vista y escuchada, algo que había anhelado en medio de la turbulencia emocional en casa. Ansiaba atención y afecto, y él parecía dispuesto a brindármelos. Sin embargo, había un obstáculo significativo en el camino de nuestra posible relación: él era seis años mayor que yo y pertenecía a una pandilla local.

Sabía que mi madre nunca aprobaría nuestra amistad, y mucho menos una relación romántica. Sus antecedentes y estilo de vida chocaban con las expectativas que ella tenía para mí. Pero el amor adolescente no conoce fronteras y, a pesar de los riesgos, acepté ser su novia en secreto.

Debíamos tener cuidado, hacer llamadas telefónicas furtivas cuando mi madre no estaba en casa, crear elaboradas artimañas para ocultar nuestros encuentros e incluso faltar a la escuela solo para pasar tiempo juntos. Fingía estar enferma, inventando notas para excusar mis ausencias, todo por estar con él. Por la noche, nos reuníamos clandestinamente en el alféizar de mi ventana después de que mi madre se quedara dormida, solo para pasar un rato juntos.

Nuestros encuentros secretos se convirtieron en un salvavidas, un santuario donde podíamos expresar nuestros sentimientos libremente. Me colmó de elogios, diciéndome lo mucho que le gustaba y lo afortunado que era de tener una novia tan bonita. Durante un tiempo, la emoción del amor joven nos mantuvo a flote, ajenos a la tormenta que se avecinaba a nuestro alrededor.

Pero como ocurre con todos los secretos, el nuestro no pudo permanecer oculto para siempre. Una noche, mi madre se despertó inesperadamente y oyó voces que venían de mi habitación. Decidió investigar, arrastrándose por el costado de la casa y tomándonos con la guardia baja. Preso del pánico, él desapareció en la noche, dejándome expuesta y vulnerable.

La furia de mi madre se desató sobre mí cuando me arrastró hasta el salón, lanzándome una andanada de palabras hirientes. Me abofeteó, y me dejó aturdida y llorando. Me prohibió volver a verlo, pues lo consideraba un pandillero de mala muerte indigno de mi compañía.

Nuestras reuniones clandestinas se detuvieron abruptamente y la ventana de mi dormitorio fue sellada con una cómoda y un espejo alto, asegurando que ya no pudiéramos comunicarnos en secreto. Estaba atrapada, dividida entre mi amor por él y la lealtad hacia mi madre.

Con el paso del tiempo, descubrí que había mentido sobre su edad, y que era ocho años mayor que yo. La profundidad de su engaño me golpeó como un maremoto, e hizo que me preguntara si nuestra historia de amor no había sido más que un sueño construido sobre una base de mentiras.

Sin embargo, la atracción del amor prohibido era demasiado fuerte para ignorarla. A pesar de los obstáculos y el dolor, fui incapaz de soltarlo. El corazón quiere lo que quiere, y mi corazón estaba entrelazado con el suyo en un amor que desafiaba la razón y las normas sociales. No sabía que nuestro tumultuoso viaje era solo el comienzo.

Judy Stella

DIECISÉIS

Pasaron varios meses, y parecía que mi madre se había dado cuenta de que su enfoque estricto al prohibir nuestra relación solo me alejaba más de ella. Debió de notar que sus amenazas de enviarme lejos no me afectaban, y temía que pudiera escaparme con él si no encontraba un punto intermedio.

Durante los siguientes tres años, aflojó su control sobre nuestra relación, y nos permitió pasar tiempo juntos en el porche si terminaba mis tareas escolares y los quehaceres. A veces, incluso nos daba permiso para salir a almorzar, y caminábamos hasta un restaurante de comida rápida cercano para compartir un almuerzo.

Sin embargo, durante esos años, mi novio comenzó a mostrar comportamientos preocupantes. Sus hábitos de consumo de alcohol se volvieron excesivos, lo que condujo a abusos verbales y emocionales. Empezó a controlar la forma en que me vestía, me prohibía usar maquillaje y limitaba mis interacciones con otros chicos en la escuela. Sus celos alcanzaron niveles peligrosos, y se enfurecía ante la mera idea de que pudiera interesarme por otra persona.

Una noche, sus celos se desbordaron y las cosas tomaron un giro oscuro. Mi madre entró inesperadamente en mi habitación y lo encontró con su mano alrededor de mi cuello, amenazándome si me atrevía a salir de la casa sin su permiso. Fue un momento aterrador y revelador, pero mis sentimientos hacia él seguían enredados en una compleja red de emociones.

El tiempo pasó, cumplí dieciséis años, pero mi vida estaba a punto de cambiar drásticamente. Comencé a sentirme enferma, tenía náuseas y una repentina pérdida de apetito. Mi madre me llevó a la clínica comunitaria local, donde el médico preguntó si había alguna posibilidad de que estuviera embarazada. Entré en pánico y di una fecha falsa de mi último período, con la esperanza de disipar cualquier sospecha.

Sin embargo, la verdad no pudo permanecer oculta por mucho tiempo. Sus hermanas me llevaron a otra clínica comunitaria donde recibí la confirmación de que efectivamente estaba embarazada. Tenía miedo, ignoraba qué debía hacer, pero cuando compartí la noticia con mi novio, sorprendentemente encontramos un momento de alegría juntos, abrazando la perspectiva de tener un bebé.

El miedo de decírselo a mi madre pesaba sobre nosotros, y pospusimos la conversación inevitable, aterrorizados por su reacción. Sabía que se decepcionaría y temía que pudiera echarme de casa. Con cada semana que pasaba, se volvía más difícil ocultar la verdad. Corrí al centro comercial y compré ropa de talla más grande para ocultar mi creciente pancita, pero sabía que mi pequeño cuerpo no podría ocultarlo por mucho tiempo más.

Eventualmente, llegó el día en que ya no pude mantener el secreto para mí misma. Las náuseas habían cesado, pero la realidad de mi embarazo era evidente. Me armé de valor para la conversación, sabiendo que sería uno de los momentos más difíciles de mi vida.

DIECISIETE

El fin de semana que siguió fue un capítulo horrible grabado profundamente en el tejido de mis recuerdos, una representación desgarradora de dolor y miedo que sacudiría mi mundo. Mientras yacía en la cama, comencé a sentir una sensación inquietante en la parte baja del abdomen y noté los ominosos signos de manchado. El pánico se apoderó de mí, y supe que no podía enfrentar aquello sola. Desesperada por tener algo de consuelo y seguridad, busqué a mi novio, pero no estaba por ninguna parte. Las lágrimas corrían por mi rostro mientras sentía que los calambres se intensificaban, viniendo en breves oleadas cada veinte minutos. Estaba aterrorizada, y el mundo a mi alrededor parecía colapsar bajo el peso de la incertidumbre. Sin saber a quién recurrir, confié en una amiga, que se ofreció a llevarme al hospital. Allí, me sometí a pruebas y una ecografía, solo para recibir la desgarradora noticia: el feto no tenía latido y mis niveles de hormona del embarazo eran peligrosamente bajos para las semanas que había informado tener.

El médico me dijo que no había nada que hacer, y que necesitaría un procedimiento de legrado. Confundida y abrumada, el dolor en mi abdomen se volvía más intenso mientras yacía allí, ignorando lo que me deparaba el futuro. Pasaron las horas y me encontré esperando en agonía el procedimiento, sintiéndome sola y asustada.

Tantos pensamientos bullían en mi mente. ¿Qué me está pasando? No podía comprender la realidad de lo que se estaba desarrollando dentro de mí. ¿Qué ha ocurrido con mi bebé? ¿Qué hice mal? Le daba vueltas a la cabeza, buscando respuestas y culpándome por algo que no podía entender. La culpa pesaba en mi corazón, y deseaba haber ido al médico antes, pues pensaba que tal vez podría haber prevenido aquella tragedia.

A medida que pasaban las horas, el dolor se intensificaba y las contracciones se volvían insoportables, gritaba con cada nueva ola. Durante una contracción particularmente agonizante, de repente sentí una explosión tremenda y un torrente de agua fluyó por mis piernas, que me dejó aterrorizada y desconcertada por las sensaciones repentinas y desconocidas que recorrían mi cuerpo.

De repente, mi novio entró, despeinado y oliendo a alcohol. Reuní el valor para compartir el pronóstico médico con él, esperando apoyo y comprensión, pero él permaneció en silencio y distante. Su falta de atención me dolió profundamente, y cuando se volvió para marcharse, lo llamé con desesperación, pero me dejó en el hospital, abandonada y con el corazón roto.

En medio de mi angustia, escuché a las enfermeras expresar preocupación, preguntándose dónde estaba mi madre y si debían informar de mi situación a los Servicios de Protección Infantil. Temiendo las consecuencias, proporcioné a regañadientes la información de contacto de mi madre.

Finalmente, mi madre llegó y no pude contener la avalancha de lágrimas. La culpa y la vergüenza me invadieron mientras me disculpaba por mi situación. Con su presencia reconfortante, me trasladaron a otro piso y me prepararon para el procedimiento de legrado. Mi madre me aseguró que me estaría esperando, brindándome un destello de consuelo en aquellos momentos tan oscuros.

Al entrar en la fría sala de operaciones, el miedo me invadió y me administraron anestesia. Lo siguiente fue despertarme sintiéndome débil y vulnerable. Mi madre y mi novio estaban a mi lado, pero el silencio en la sala estaba cargado de emociones no expresadas.

De regreso a casa aquella noche, nadie pronunció una palabra en el coche. El peso de mi experiencia pesaba sobre todos nosotros. Al entrar en el salón, mi madre dejó claro que mantendríamos aquel incidente en secreto, pues no debía saberlo mi padrastro.

"No le vamos a decir a tu papá ni una palabra de esto", dijo. Un manto de secreto nos envolvió, y me retiré a mi habitación, con dolor físico y emocional.

Los días que siguieron estuvieron llenos de una sensación de pérdida y tristeza que permeaba todo. El dolor en mi cuerpo sanaría, pero las heridas en mi corazón tardarían más en curarse. Anhelaba consuelo y sanación, pero las sombras de la soledad me envolvían, dejándome navegar por las secuelas de esta experiencia traumática por mi cuenta.

Judy Stella

DIECIOCHO

Había pasado una semana desde aquella fatídica noche en el hospital. La vida había retomado su ritmo habitual, pero el peso de la experiencia aún persistía, acechando mis pensamientos durante mis turnos en McDonald's y en momentos de soledad. Una noche, después de terminar mi turno de tarde, mi madre se ofreció a recogerme. Mientras conducíamos lentamente por Lennox Boulevard, las calles familiares parecían guardar los recuerdos de mi dolor y miedo.

Entonces, mi madre rompió el silencio con una pregunta que atravesó mi corazón, llevándome de regreso a aquella noche dolorosa y a los temores del hospital:

"¿Por qué no me dijiste que estabas embarazada?".

Su voz era suave, pero sentí que la vergüenza y la culpa me invadían una vez más. Quería enfrentarla, mirarla a los ojos y encontrar consuelo, pero no pude. En su lugar, mantuve mi mirada fija en las luces de la calle que pasaban mientras reunía valor para responder.

Mi voz tembló y las lágrimas comenzaron a acumularse en mis ojos, amenazando con desbordarse mientras respondía.

"Porque tenía miedo de tu reacción, miedo de que me echaras de la casa".

Admitir mi miedo en voz alta hizo que mis emociones se desbordaran, y las lágrimas corrían por mis mejillas.

Por un momento, me preparé, anticipando enojo o decepción, pero, para mi asombro, la mano de mi madre se extendió no para hacerme daño, sino para ofrecerme consuelo. Al pasar junto a nuestro antiguo apartamento, una oleada de recuerdos me inundó, pero no hubo críticas duras ni regaños. Cerré los ojos, esperando lo peor, pero en su lugar, ella me ofreció consuelo y amor. Me acercó más, envolviéndome con su brazo, y ambas comenzamos a llorar. Me tranquilizó: "¿Cómo puedes pensar que te echaría? Eres mi hija y te amo".

Sus palabras atravesaron la oscuridad que había nublado mi corazón, y la represa de emociones estalló. Ambas lloramos juntas, liberando el dolor y el miedo que habían estado reprimidos. La calidez de su abrazo y la sinceridad en sus palabras levantaron un peso que ignoraba que llevaba. En ese momento, el cielo nocturno sobre nosotras parecía sostener una nueva luz, y el suave resplandor de la luna ofrecía un destello de esperanza.

Una vez más, me di cuenta de que era en aquel mismo lugar donde había experimentado los momentos más dolorosos. Era el lugar donde las acciones de mi madre habían infligido tanto dolor, donde mi sentido de seguridad había sido destrozado y donde el nombre "mentirosa" había calado hondo. Sin embargo, aquí, bajo la luz de la luna, había tenido lugar una transformación, y este lugar se estaba convirtiendo en un símbolo de sanación.

Preguntas de reflexión

1. ¿Qué recuerdos o interacciones específicas con tu madre provocan sentimientos de dolor o incomodidad?

2. ¿Cómo ha influido tu relación con tu madre en tu autopercepción y sentido de valía?

3. ¿Hay patrones o comportamientos en tus relaciones actuales que parecen reflejar la dinámica de tu relación con tu madre?

4. ¿Qué aspectos de ti mismo/a has ocultado o reprimido debido al dolor de tu relación con tu madre?

Recuerda que sanar las heridas maternas lleva tiempo y autocompasión. Estas preguntas de reflexión pueden servir como un punto de partida para tu viaje de autodescubrimiento y sanación, pero buscar orientación profesional, como terapia, puede proporcionarte un apoyo incalculable para navegar por este proceso complejo.

Afirmaciones

1. "Merezco amor, compasión y sanación, independientemente de mis experiencias pasadas con mi madre".

2. "Libero las cargas del pasado y abrazo la libertad de crear una vida alegre y satisfactoria para mí mismo/a".

3. "Estoy alimentando activamente una relación amorosa y nutritiva conmigo mismo/a, permitiendo que la sanación y el crecimiento florezcan dentro de mí"

Recuerda, las afirmaciones son más efectivas cuando se practican regularmente y con una creencia genuina. Al repetir estas afirmaciones, visualiza los cambios positivos que estás invitando a entrar en tu vida y cultiva un sentido de aceptación y sanación.

Judy Stella

DIECINUEVE

De camino a casa, me encontré mirando a la luna, su suave resplandor proyectaba una luz esperanzadora sobre mi alma atribulada. Fue aquella noche que algo profundo cambió dentro de mí, aunque no podía comprender completamente la hondura de su impacto en ese momento.

Pasarían otros veinte años para que la verdadera importancia de aquella noche se revelara. Fue durante una sesión de terapia regular que encontré la fuerza para revisar los dolorosos recuerdos de mi aborto espontáneo. Las emociones que habían permanecido latentes durante tanto tiempo regresaron con fuerza, como una cascada torrencial de dolor.

En la seguridad de la consulta de mi terapeuta, sentí que mi voz temblaba, mis lágrimas fluían libremente y mi corazón dolía con el peso de la pérdida y la culpa. Durante años, me había culpado a mí misma, creyendo que de alguna manera era responsable de no tener a mi bebé conmigo. Con las manos cubriendo mi rostro manchado de lágrimas, todo mi ser sufría agónico, un grito de dolor surgió desde lo más profundo de mi alma.

"Planeaba tener un bebé, y esa noche volví a casa sin mi bebé".

Las palabras salieron, crudas y sin filtros, como una catarsis de emociones que habían estado reprimidas durante años. Y con cada lágrima derramada, sentí que una parte de mi carga se elevaba lentamente, reemplazada por una sensación de alivio y perdón, perdón hacia mí misma por una pérdida de la que nunca fui responsable.

Y en esa misma sesión, las piezas del rompecabezas de mi vida comenzaron a encajar. Fueron el amor y la aceptación que había sentido de mi madre aquella noche en Lennox Boulevard los que desbloquearon una cámara oculta en mi corazón. Me di cuenta de que no podía recordar que ella hubiera dicho "te amo" antes.

Al final de esa sesión, me sentí cambiada, de alguna manera más liviana. La carga del secreto y la vergüenza que había llevado durante tanto tiempo se había aligerado. Es en este momento de revelación que me doy cuenta del profundo impacto que aquella noche con mi madre tuvo en mí. Escucharla decir que me amaba, quizás por primera vez, me inculcó un nuevo sentido de amor y autoestima.

A raíz de esa noche profunda con mi madre, se puso en marcha una transformación inesperada. Empoderada por el amor que me había mostrado, comencé a profundizar en mi propio pozo de autoestima. Era como si las semillas de fuerza que ella había plantado finalmente hubieran echado raíces dentro de mí; una cálida sensación de consuelo me rodeaba, envolviéndome en un capullo de seguridad y amor. Por primera vez, me sentí realmente reconocida y valorada, y me di cuenta de que mi presencia era significativa en el corazón de mi madre.

El valor que encontré dentro de mí se convirtió en el catalizador de la decisión más importante de todas: finalmente romper los lazos tóxicos que me habían atado a mi novio abusivo. Aquella no fue una acción impulsiva; fue una declaración consciente de respeto por mí misma y de preservación personal. Estaba decidida a que aquel sería el final del patrón cíclico, no volvería a caer en el círculo de romper y hacer las paces.

Convocando mi nueva fuerza, marqué su número, con el corazón decidido y la voz firme mientras declaraba que ya no podía continuar en una relación que solo me traía dolor. Con una claridad inquebrantable, le dije que había terminado, que ya no deseaba estar bajo su control, y le imploré que respetara mi decisión y me dejara en paz. El peso de las palabras llevaba un sentido de finalización, y en ese momento, supe que estaba eligiéndome a mí misma sobre todo lo demás.

Con esa llamada telefónica, rompí las cadenas que me habían

atado durante tanto tiempo. Y mientras la línea quedaba en silencio, sentí un torrente de emociones: alivio, liberación, pero también un destello de esperanza. Había dado los primeros pasos hacia mi viaje de sanación, y no había vuelta atrás. A partir de ese momento, enfoqué toda mi energía en avanzar, en construir una vida que estuviera libre de las sombras del pasado.

Así que, con la luna como mi compañera constante, navegué por las aguas inexploradas de mi viaje de sanación. Cada cielo nocturno contenía la promesa de un mañana más brillante, un mañana donde las cicatrices del pasado estaban siendo reemplazadas gradualmente por vibrantes matices de esperanza. El camino por delante era incierto, pero estaba armada con amor propio, nueva fuerza y los ecos del amor de mi madre.

Judy Stella

VEINTE

El verano llegó a su fin, pintando los cielos con tonos de cálido naranja y morados oscuros. Fue una despedida agridulce de los días de ocio y un saludo acogedor a nuevos comienzos. Me preparé para regresar a la escuela. Era mi último año en Hawthorne High School en la ciudad de Hawthorne, California. Mi corazón estaba rebosante de una mezcla de emociones entre la excitación y un toque de nervios por lo desconocido. Aquel era el comienzo de un nuevo capítulo, uno que estaba decidida a abrazar con todas mis fuerzas.

De regreso en los bulliciosos pasillos de la escuela, los rostros familiares de mis compañeros me saludaron. La alegría de reunirme con ellos después de las vacaciones de verano era contagiosa. Sentí un renovado sentido de pertenencia, una conciencia de que no estaba sola en este viaje. A medida que me acomodaba en el ritmo de las clases, sabía que aquel año era crucial, un puente hacia el siguiente capítulo de mi vida.

Con una determinación inquebrantable, tracé un camino hacia la universidad. Mi horario estaba lleno de desafiantes cursos de preparación universitaria, cada uno un peldaño hacia mis sueños. Pero lo que más me emocionaba era pasar la hora del almuerzo en el centro de la universidad, un lugar lleno de información y oportunidades. Fue allí donde conocí a Harrelson, el consejero de orientación universitaria, quien se convertiría en una luz guía inesperada en mi viaje.

La presencia de Harrelson era imponente, su alta figura y su comportamiento serio contrastaban con el tono suave que usaba para responder a mis preguntas. Paciente y dispuesto a ayudar, pronto se convertiría en más que un consejero; era mi mentor y la persona a quien atribuí por completo mi éxito. Aprendí que él había recorrido un camino similar, una vez graduado de la misma escuela secundaria, ahora de regreso para ofrecer apoyo y orientación como parte de su rol de extensión comunitaria como asesor académico en la Universidad Estatal de California en Long Beach.

 Con su mentoría, el camino hacia la universidad parecía más claro. Me tomó bajo su ala, me brindó conocimientos, orientación y un apoyo inquebrantable. Al mirar hacia atrás, me doy cuenta de que jugó un papel crucial en la formación de mi futuro. Como la primera graduada de mi familia, el camino hacia la educación superior era un territorio inexplorado para mí. La emoción y los nervios se entrelazaban mientras depositaba mi confianza en la bondad y la experiencia de Harrelson. No tenía hermanos mayores, familiares o amigos que pudieran servirme de modelos, pero Harrelson asumió ese papel con gracia.

 Más allá del aula, Harrelson continuó siendo mi ancla. El proceso de solicitud de ingreso en la universidad, con sus complejidades e incertidumbres, se volvió menos desalentador con su guía. Su sabiduría y aliento alimentaron mi determinación, impulsándome hacia adelante a pesar de los desafíos que se avecinaban.

 A medida que pasaban los días, el último año se transformó en el día de la graduación, la culminación de años de arduo trabajo y dedicación. Con mi birrete y mi toga, me mantuve erguida entre mis compañeros, un símbolo de triunfo frente a la adversidad. Al recibir mi diploma, supe que aquello era solo el comienzo. El verano posterior a la graduación, que conducía a mi primer semestre en la universidad, fue un período de entusiasmo y temor.

 La transición de la escuela secundaria a la universidad fue tan emocionante como estresante, pero estaba armada con conocimiento, resiliencia y el recuerdo de su orientación. Mantuve el contacto con Harrelson, le ponía al día sobre mi viaje universitario, buscando consejos y compartiendo mis éxitos y dificultades. Su papel en mi vida se extendió más allá de ser un consejero escolar; se convirtió en un mentor de por vida, una fuerza esencial que iluminó mi camino e inculcó en mí la creencia de que tenía la capacidad de buscar una educación superior.

A medida que pasaron los años, su influencia continuó moldeando mis elecciones y aspiraciones. Harrelson no solo me ayudó a navegar por el viaje a la universidad, me había dado las herramientas para navegar por la vida misma. Con gratitud en el corazón, seguí adelante, sabiendo que su guía había cambiado para siempre la trayectoria de mi historia.

Judy Stella

VEINTIUNO

A medida que el cálido abrazo de un nuevo verano se acercaba, mis días se transformaron en una encantadora rutina. La playa bañada por el sol se convirtió en mi santuario; los rincones acogedores de mi querida librería, en mi refugio, y los turnos de tarde en el trabajo que llenaban la semana y los fines de semana marcaban una perfecta armonía entre el ocio y la responsabilidad.

Me encontraba esperando con ansias mi jornada laboral. Durante aquella época, trabajaba como cajera en Marie Callender's, un lugar que ocupa un espacio especial en mi corazón. Pero lo que hacía que mi corazón latiera con anticipación era mi próximo decimoctavo cumpleaños. Junto a las velas de mi tarta, un nuevo capítulo estaba a punto de abrirse. Me preparaba para comenzar mi camino para convertirme en mesera. La perspectiva de esta mejora me llenaba de emoción. Prometía una mayor responsabilidad, y, por supuesto, la oportunidad de obtener un ingreso más sustancial con las propinas, todo ello al atender las sonrisas que adornarían nuestras mesas.

Sin embargo, no se trataba solo de las posibilidades financieras lo que hacía que mi trabajo fuera emocionante. Las verdaderas joyas eran las personas que coloreaban el lienzo de mi vida laboral. Entre ellas, el recuerdo de Alex brilla intensamente. Su sonrisa y su cálido abrazo, cuando ocupaba el puesto de cajera, dejaron una huella especial en mi corazón. Ella se convirtió en una fuente de apoyo y aliento, un recuerdo que llevo conmigo, esperando que algún día se tope con mi historia y se dé cuenta del profundo impacto que tuvo en la transición de mi vida.

A lo largo de los años, formé conexiones con innumerables almas en Marie's. Algunas pasaron rápidamente por allí, mientras que otras permanecieron firmes, al igual que el ritmo de las mareas contra la orilla. El vínculo compartido entre el personal de cocina, los meseros y el compromiso inquebrantable de mis queridos ayudantes, Enrique y Efraín, aliviaban la carga de mis jornadas más duras atendiendo mesas. Aquellos que conocen la industria restaurantera entienden el frenético ritmo y las demandas de manejar una comanda completa simultáneamente. Pero con ambos a mi lado, ese caos se convirtió en una sinfonía de trabajo en equipo. Y a cambio de su constante ayuda, me aseguré de que sus bolsillos estuvieran bien llenos con su parte justa de las propinas de la noche.

Luego estaba Agustín, cariñosamente conocido como Auggie (una figura cuya amabilidad fluía tan naturalmente como la corriente de un río). Auggie no era solo un compañero de trabajo o un amigo; él tenía un corazón de oro que exudaba una positividad nutritiva. Me guio a través de las complejidades de un servicio al cliente excepcional, una habilidad que valoro y que atribuyo a su enseñanza. Pero la historia de Auggie, como un secreto bien guardado, se revelará a su debido tiempo. Por ahora, su sola presentación hace justicia a su presencia notable.

El tiempo pasó en un precioso halo mientras formaba y cultivaba muchas amistades hermosas que atesoro hasta hoy. Las amistades alimentadas en medio del aroma de pasteles recién horneados y platos chisporroteantes encapsularon mis años de formación, completados con los dolores de crecimiento que los acompañan. Estos recuerdos pavimentaron el camino que me llevó a mi siguiente aventura: un viaje como estudiante universitaria en la Universidad Estatal de California en Long Beach.

VEINTIDÓS

El sol de la mañana emitía un cálido resplandor mientras emprendía un viaje que prometía nuevos comienzos. Con una mezcla de emoción y ansiedad, me incorporé a la autopista 405 Sur, mi corazón latía al ritmo de los coches que me rodeaban. El campus de la Universidad Estatal de California en Long Beach aguardaba mi presencia, y estaba decidida a llegar a mi orientación para estudiantes de primer año a tiempo.

Mientras las ruedas del coche zumbaban sobre el asfalto, me maravillaba con la sensación de libertad que me proporcionaba conducir por una autopista. Aunque nunca me había aventurado por esos carriles de alta velocidad antes, mi determinación de tener éxito alimentaba mi valor. Salí de casa temprano, permitiéndome un tiempo extra, consciente de que me embarcaba en un nuevo viaje hacia lo desconocido.

Sin embargo, mi viaje dio un giro inesperado cuando me encontré en la autopista equivocada. La autopista 710 me llamaba con letreros que decían "Long Beach." Sin embargo, mi intuición me susurraba que algo no iba bien. Reconociendo mi error, tomé rápidamente la primera salida y aparqué al lado de la carretera. En ese momento, la soledad me golpeó. Sola y fuera de órbita, enfrenté una verdad abrumadora: estaba verdaderamente asustada.

Sacando fuerzas de mi interior, marqué el número de Harrelson y pedí ayuda. Su voz fue un salvavidas, y me brindó instrucciones específicas para orientarme de nuevo en el camino correcto. Siguiendo sus indicaciones, giré a la izquierda en Bellflower Boulevard. Minutos después, la imponente pirámide azul de la Universidad Estatal de California en Long Beach emergió, encendiendo nuevamente una chispa de emoción dentro de mí.

Guiada por la vista de aquel hito, me dirigí al estacionamiento. Recogí mi mochila y el mapa del campus, decidida a no dejar que la incertidumbre me desviara de nuevo. Con el corazón acelerado por la emoción y los nervios, pisé el campus, lista para abrazar este nuevo capítulo.

Al entrar en el aula, me aferré a mi mochila como si fuera una manta de seguridad. Mi atuendo, unos jeans de color azul oscuro y una camisa blanca, era la armadura que llevaba para enfrentar lo desconocido. Mientras mis ojos se movían nerviosamente por la habitación, vi un asiento vacío cerca de la puerta, un refugio seguro. Al sentarme, mi corazón continuó su danza frenética mientras esperaba ansiosamente el comienzo de mi primera clase universitaria.

El profesor entró, una figura mayor con un aire de inteligencia. Nos recibió calurosamente, distribuyendo un programa de curso en cada escritorio. Cuando colocó uno en el mío, se estableció una conexión tangible, un puente entre mi antigua vida y aquella nueva realidad. Levanté el programa, mi mano estaba temblorosa trazando las palabras.

En ese momento, mi mundo se apretó a mi alrededor, una presión abrumadora de duda. El pánico burbujeó, amenazando con ahogar la razón. El deseo de escapar, de retirarme de lo desconocido, era fuerte. Pero mientras mi mente corría, supe que tenía una opción: huir o florecer.

Convocando coraje desde lo más profundo de mi ser, tomé unas cuantas respiraciones profundas. La correa de mi mochila se aflojó gradualmente de mi mano, lo cual simbolizaba mi disposición a desprenderme de mis miedos. Con intención deliberada, abrí el estuche y saqué mi bolígrafo azul. Su peso tranquilizador en mi mano me ancló.

Letra por letra, escribí mi nombre en el programa: J-U-D-Y.

Cada trazo era una declaración de que pertenecía, de que era capaz de navegar ese territorio inexplorado. Con cada letra completada, mi pulso se estabilizó y mi determinación se solidificó.

Cuando mi nombre completo, "Judy Serratos", adornó el papel, sentí un cambio dentro de mí. El acto de escribir mi nombre fue una proclamación de autoestima y un testimonio de mi disposición a abrazar lo desconocido. No era solo una pasajera en este viaje, era la conductora de mi destino.

Con una nueva claridad, cerré los ojos por un breve momento, aterrizando en el presente. Los susurros de la inseguridad eran más silenciosos ahora, opacados por la resonante verdad de que estaba destinada a estar allí. A medida que el profesor continuaba su introducción, abrí los ojos, encontrando su mirada con un nuevo sentido de propósito.

En esa aula, aquel día, aprendí una lección que me guiaría a lo largo del resto de mi viaje universitario y más allá. El camino por delante podría ser incierto, pero, al abrazar cada momento y confrontar mis miedos, podría transformar los desafíos en oportunidades. El viaje apenas comenzaba, y estaba lista para emprenderlo con el corazón abierto y un espíritu firme.

Después de cada año exitoso de completar ambos semestres y obteniendo buenas calificaciones en todos mis cursos universitarios, hice de la celebración de mis logros una tradición. Año tras año, ahorraba suficiente dinero para visitar la librería y comprar un suéter de CSULB (siglas en inglés de Cal State University Long Beach). Cada suéter se convirtió en más que solo una prenda de vestir era un símbolo de triunfo, una insignia de perseverancia que llevaba con orgullo.

Al ponerme esos suéteres, sentía un sentido de orgullo y me recordaban mis logros, las noches sin dormir, el estudio dedicado y los momentos de duda superados. Eran más que simples prendas; eran símbolos tangibles de que había superado los desafíos que alguna vez se percibieron insuperables.

Caminando por el campus engalanada con mi suéter de CSULB, experimentaba un renovado sentido de orgullo y logro. Las dudas que alguna vez permearon mi mente ahora eran ahogadas por el resonante coro de mis éxitos. El camino que había recorrido se erguía como un testimonio de mi inquebrantable determinación, y los suéteres que llevaba estaban tejidos con los hilos de mi viaje, hilos que representaban mi crecimiento, resiliencia y sentido de pertenencia.

VEINTITRÉS

Creciendo en mi hogar impredecible, donde el estado de ánimo de mi madre podía cambiar como el viento, estudiar en casa a menudo era frustrante. Con la pila de libros de texto a mi lado, intentaba concentrarme en mis tareas, solo para ser interrumpida por el caos que estallaba a mi alrededor. Desesperada por tener un espacio tranquilo para concentrarme, comencé a escaparme a la cafetería cercana después del trabajo un par de veces a la semana. Allí, acurrucada en un rincón tranquilo, encontré calma en el murmullo de la conversación y el aroma del café recién hecho.

Fue durante una de aquellas sesiones de estudio que el destino intervino en la figura de Moisés, un cliente habitual de la cafetería, que emanaba calidez y familiaridad al saludar a otros clientes y al personal. Intrigada por su genuina amabilidad, me sentí atraída hacia él y, con el tiempo, nuestros breves intercambios evolucionaron en conversaciones profundas sobre la vida, el aprendizaje y el propósito. Una noche, me sorprendió con un regalo: el libro *Una vida con propósito* de Rick Warren, un gesto que me conmovió profundamente.

A medida que nuestra amistad florecía, Moisés se convirtió en más que un mentor; devino una fuente constante de apoyo y aliento. Desde ofrecerme orientación en mis estudios hasta brindarme asistencia práctica, como prestarme una impresora cuando la mía se rompió, su generosidad no conocía límites. Nunca olvidaré el día en que me ofreció su impresora de repuesto sin dudar un momento, asegurándose de que mis esfuerzos académicos no se vieran obstaculizados.

Reflexionando sobre esos años turbulentos de mi juventud, estoy profundamente agradecida por el encuentro fortuito que trajo a Moisés a mi vida. A lo largo de las últimas dos décadas, nuestra amistad ha perdurado, un testimonio del vínculo duradero forjado a través de la adversidad y los momentos compartidos de crecimiento.

Recientemente, mientras recordábamos viejos tiempos durante una cena, aproveché la oportunidad para expresar mi más profundo agradecimiento hacia él, y le reconocí el profundo impacto que ha tenido en mi vida. En Moisés, no veo solo un amigo, sino un ángel caminando entre nosotros, un faro de luz que me guía a través de la compleja red del viaje de la vida a mi lado.

VEINTICUATRO

Meses después, más o menos cuando estaba terminando mis exámenes finales del primer semestre de la universidad, ocurriría un gran disturbio en casa; otra explosión de emociones. Estaba regresando de la universidad por la tarde, y no tenía demasiado tiempo para prepararme y comenzar mi turno en el trabajo.

Mi madre estaba inmersa en otro episodio explosivo, gritando a una de mis hermanas menores. Mi padrastro estaba allí, actuando como un amortiguador y suavizando cada golpe de sus acciones y palabras de reproche hacia ella. En un esfuerzo por proteger a mi hermana de su ira constante, intervine rápidamente y me sentí inundada por las emociones de su rabia que normalmente se habrían dirigido a mí. Como era mayor y casi nunca estaba en casa debido a mis nuevas responsabilidades de acudir a clase y trabajar, había sido temporalmente salvada de su abuso verbal y emocional. No entendía cuál podría ser el problema que justificaría una reacción tan fuerte de su parte. Rápidamente empezó a dirigir su ira hacia mí. Gritándome en la cara.

"¿Tú qué chingados te metes, tú no sabes qué está pasando aquí? ¡Como si te pones del lado de él!" (refiriéndose a mi padrastro).

Se enfureció aún más al pensar que me estaba poniendo de su lado. La realidad era que solo me preocupaba proteger a mi hermana de ella y temía que le hiciera daño físico de la misma manera en que me había herido a mí en el pasado.

Me quedé quieta en el mismo lugar, sin permitir que me

asustara. Me levanté y protegí a mi hermana. Mis acciones enfurecieron aún más a mi madre, su rabia se desató por completo, y ella no iba a ceder. Creo que, por desesperación y pérdida de control, comenzó a gritarme de nuevo.

"¡Pues esta es mi pinche casa, y aquí se hace lo que yo digo, si no te gusta, lárgate de aquí, no te quiero ver aquí en mi casa! ¡Lárgate!".

Quedé en shock y congelada por lo que me pareció una eternidad. Me tomó un momento comprender completamente lo que había pasado. Cuando finalmente pude moverme, fui rápidamente a mi habitación, me puse el uniforme y salí hacia mi trabajo. Llorando por el camino, no estaba segura de cuál sería mi siguiente paso. Mi madre me había echado, y ni siquiera estaba segura de si podría regresar a casa aquella noche.

En medio de esa agitación, un destello de esperanza surgió de una fuente inesperada. En una conversación con la madre de mi mejor amiga, tímidamente mencioné mi interés en alquilar su garaje convertido en un pequeño espacio con una recámara, una cocinita y un baño. Con el valor nacido de la desesperación, le expliqué mis limitaciones económicas, sin saber si mi solicitud sería aceptada.

Mientras miraba hacia abajo, luchando por contener mis emociones, su respuesta llegó como un salvavidas: "Está bien, te rento el cuarto". El alivio me inundó mientras procesaba sus palabras. Tendría un lugar a donde ir, un espacio que podría llamar mío. Con renovada determinación, regresé a casa a empacar mis cosas, con el corazón pesado por el lastre del cambio.

En las semanas que siguieron, me sentí abrumada por la cantidad de tareas que debía hacer. Conseguí lo esencial para mi nuevo espacio: una cama, una cómoda, utensilios de cocina; todo en medio del torbellino de preparativos para mi segundo semestre en la universidad. La mudanza fue repentina y nueva, un gran cambio que tuve que sortear con resiliencia y determinación.

A pesar de los obstáculos, mi espíritu permaneció intacto. A medida que me acomodaba en mi nuevo espacio, encontré alivio y seguridad, un refugio alejado de las tormentas del pasado. Los padres de mi mejor amiga se convirtieron en una nueva fuente de apoyo, pues me ofrecieron algo más que una habitación para alquilar. Su calidez, preocupación y cuidado llenaron el vacío que había dejado el caos de mi hogar.

En medio de la agitación, las quesadillas a la parrilla de Don Felipe se convirtieron en un símbolo de consuelo y conexión, un recordatorio de las alegrías simples que se pueden encontrar en medio del caos de la vida. Y a medida que avanzaba, enfrentando cada semestre y superando nuevos obstáculos, su apoyo seguía siendo una presencia constante, un faro de esperanza que me había guiado a través de la tormenta.

Ahora, al reflexionar sobre esos días difíciles, me siento llena de un torbellino de emociones: gratitud, fortaleza y un profundo sentido del poder transformador de la compasión. El viaje del caos al coraje no fue fácil, pero pavimentó el camino hacia un futuro más brillante, uno en el que pude forjar mi propia historia y triunfar sobre la adversidad.

Judy Stella

VEINTICINCO

Mi primer año de universidad había sido un éxito, y mi nuevo espacio vital se había transformado gradualmente en un lugar que realmente podía llamar hogar. Habían pasado seis meses desde mi mudanza y comenzar a vivir sola, un cambio significativo que requirió algunos ajustes. La diferencia más inmediata que noté fue la presencia de un espacio tranquilo y pacífico al que regresar después de un largo día de escuela y trabajo. Pero con esta nueva independencia vino una revelación conmovedora: ya no tenía la alegría diaria de ver a mis hermanos.

Los pensamientos sobre mis hermanos menores llenaban mi mente con regularidad. Me preguntaba cómo estarían lidiando con mi ausencia y si se encontrarían bien. Trataba de involucrarme en sus vidas tanto como podía a pesar de las demandas de mis estudios y trabajo. Los visitaba regularmente, les llevaba golosinas o pasta de mi trabajo y, en ocasiones, recogía a mi hermanito y lo llevaba a McDonald's. Era un delicado acto de equilibrio, tratando de estar presente en sus vidas mientras manejaba las responsabilidades de la escuela y el trabajo.

Otro verano pasó y regresé a la universidad para cursar el segundo año. Esta vez, el campus no me parecía tan intimidante; se había convertido en un lugar familiar. Paseaba por los mismos árboles y edificios con una sensación de tranquilidad. El semestre de otoño comenzó, y todo parecía ir bien hasta aquella fatídica tarde.

Estaba pasando el rato con mi mejor amiga, hablando despreocupadamente, cuando de repente mi teléfono sonó. El identificador de llamadas mostraba el nombre de mi madre, y rápidamente le hice señas a mi amiga de que necesitaba tomar la llamada. Contesté el teléfono con un casual "hola", completamente desprevenida para lo que estaba a punto de escuchar.

Al otro lado de la línea, la voz de mi madre temblaba. Estaba llorando, luchando por encontrar las palabras para transmitir la devastadora noticia.

"Judy, se llevaron a los niños, la trabajadora social vino y se llevó a los niños", logró decir entre sollozos.

En ese momento desgarrador, mi mundo se desmoronó. Pude sentir cómo la fuerza se desvanecía de mis piernas y me desplomé al suelo. Mis rodillas tocaron la alfombra, y mi torso se inclinó hacia delante como si no pudiera soportar el peso de aquella tragedia repentina. Las lágrimas corrían por mis mejillas, y no pude contener el grito que estalló desde lo más profundo de mí.

"¡Nooo!", grité desde las profundidades de mi alma.

Los llantos de mi madre se mezclaban con los míos en el teléfono. El dolor y la impotencia en su voz solo intensificaban mi propia angustia. No recuerdo cómo terminamos aquella llamada o qué ocurrió después. Todo lo que sabía era que mi mundo se había dado vuelta en un instante, y el camino que tenía por delante parecía incierto y lleno de dolor.

Unas semanas antes de la llamada que cambiaría mi vida, había recibido otra que trastornó mi mundo. Esa llamada fue un recordatorio sombrío del entorno volátil en el que mis hermanos aún vivían.

Otro episodio explosivo había ocurrido en casa, uno que me había dejado sintiéndome impotente y dividida entre mis propias aspiraciones y la seguridad de mi familia. Durante aquel incidente, la ira de mi madre alcanzó un punto aterrador, y cumplió sus amenazas de hacerle daño a mi hermana.

No había estado presente cuando sucedió, pero los detalles pintaron una imagen espantosa. Mi madre había usado un cinturón y golpeado repetidamente las piernas de mi hermana. La situación había escalado hasta el punto en que mi hermana menor marcó el número de emergencias, su voz temblaba mientras informaba a la policía sobre la pesadilla que se estaba desarrollando.

Al recibir la llamada, corrí hacia la casa de mi madre por la tarde, con el corazón lleno de preocupación. Cuando llegué, mi hermana, que había sido lastimada, ya estaba durmiendo en mi antigua cama. Me senté en la sala tenuemente iluminada, tratando de procesar lo impensable. Mi madre estaba ausente, había salido a hacer un mandado, dejando atrás un pesado silencio.

Sentada en el borde del sofá, con la cabeza entre mis manos, un golpe en la puerta rompió la quietud. Dos oficiales de policía estaban en el umbral, su presencia era un solemne recordatorio de la gravedad de la situación. Confirmé que, efectivamente, habían recibido la llamada de emergencia. Con el corazón en un puño, les conté lo que sabía que había sucedido, y asintieron mostrando comprensión.

Sin embargo, su deber iba más allá de recopilar información; necesitaban asegurarse del bienestar de mi hermana. Acepté su solicitud para realizarle un chequeo de seguridad, y nos dirigimos en silencio hacia lo que solía ser mi antigua habitación. Allí, mi hermana yacía dormida en el lado izquierdo de la cama, había un contraste brutal entre su inocencia y el trauma que había soportado.

Los oficiales me pidieron que levantara la manta para revelar las heridas que mi hermana había sufrido. Con el corazón encogido, accedí, exponiendo las dolorosas laceraciones en sus piernas causadas por el cinturón. La vista me era demasiado familiar. Desencadenó recuerdos de mi propio pasado, de soportar un dolor similar y marcas en mis piernas.

Los rostros de los oficiales reflejaban mi estado de conmoción y tristeza mientras observaban la evidencia frente a ellos. Mirándome, uno de ellos explicó:

"Por ley, debemos reportar este incidente a los servicios de protección infantil".

Sus palabras quedaron en el aire, como un recordatorio sombrío de las consecuencias que seguirían a tal reporte. Una vez más, asentí, entendiendo que ellos estaban obligados, vinculados por su deber de proteger el bienestar de los niños en tales situaciones.

Este capítulo es, sin duda, uno de los más dolorosos y difíciles de escribir. Al mirar atrás, la retrospectiva puede ser una compañera dura e implacable. Hay momentos en los que desearía haber podido reescribir mi propia historia, haberme presentado de manera diferente y haber estado allí para proteger mejor a mis hermanos. Es un ejemplo de un suceso de mi vida por el que tardé casi dos décadas en reunir el valor y compartirlo abiertamente con mi terapeuta.

Lo recuerdo vívidamente. Fue durante una de mis sesiones regulares de terapia semanales, un momento en el que usualmente hacía un chequeo y discutía los altibajos de la vida. Ese día, entré en la consulta de la terapeuta sintiéndome extrañamente bien, y por un breve momento pensé que iba a tener una sesión de revisión regular. Al comenzar la sesión, seguimos nuestra rutina de siempre, comenzando con el usual "¿Cómo estás, Judy?", pero un tema llevó a otro, y de repente, me encontré compartiendo el suceso que cambió mi vida cuando mis hermanos fueron sacados de su hogar y llevados a uno de acogida.

Mi voz tembló, y las lágrimas comenzaron a acumularse en mis ojos. Era como si los recuerdos, las emociones y las palabras estuvieran todas revueltas dentro de mí, luchando por encontrar una salida. Sentí una abrumadora sensación de responsabilidad, una tremenda carga que había estado pesando sobre mi corazón durante demasiado tiempo.

"Me siento responsable, siento que abandoné a mis hermanos, y la culpa de no vivir con ellos en casa es insoportable de afrontar", logré decir.

Con esas palabras, ya no pude contener el torrente de emociones. Mi cabeza se desplomó, y cubrí mi rostro con las manos, superada por las lágrimas inconsolables. Fue en ese momento, en la seguridad de la consulta de mi terapeuta, cuando confronté la inmensa culpa que había cargado durante años, una culpa derivada de mi creencia de que, de alguna manera, había fallado a la hora de proteger a mis hermanos del abuso y el caos que seguían atormentando sus vidas tras mi mudanza.

Este capítulo de mi vida fue un doloroso ajuste de cuentas, un reconocimiento de las emociones complejas y la culpa profunda que había estado enterrada durante mucho tiempo. Supuso un punto de inflexión, uno que me colocaría en un camino hacia la comprensión y la sanación, pero también era un recordatorio de que algunas heridas tardan décadas en sanar completamente.

Mi terapeuta me ofreció un espacio seguro para procesar y sentir mis emociones. Se quedó en silencio, asintiendo con compasión y dándome la seguridad de que estaba allí, conmigo. Sentí su presencia y apoyo, y mientras mis lágrimas y sollozos se calmaban gradualmente, ella comenzó a hablar.

Validó mi experiencia, reconoció el dolor y la culpa que habían perdurado durante tanto tiempo en mí. Pero no se detuvo allí. A través de su sabiduría, me ofreció una perspectiva inestimable que traería una visión diferente de lo que mis hermanos y yo habíamos soportado tan dolorosamente.

Me recordó que, aunque era adulta en términos de edad, seguía siendo una niña que había soportado mucho dolor y sufrimiento mientras crecía en aquella casa. Para que yo pudiera liberarme y comenzar a mejorar mi vida, y posiblemente convertirme en un modelo a seguir para mis hermanos, era importante que me mudara. No fue solo una decisión difícil que tomé apresuradamente, sino una necesidad.

Al alejarme del ambiente tóxico que también me estaba lastimando, había creado un espacio donde podía sentirme segura, concentrarme en mis estudios y trabajar para sanarme. Solo al mejorar mi propia vida podría seguir estando presente para mis hermanos de una manera más significativa. Las palabras de mi terapeuta me ofrecieron un destello de comprensión y autocompasión, desmoronando poco a poco la pesada carga de culpa que había soportado durante tanto tiempo.

Judy Stella

VEINTISÉIS

Las semanas siguientes, el ingreso de mis hermanos en hogares de acogida fue uno de los episodios emocionalmente más agotadores que jamás hube experimentado. Sentí una abrumadora sensación de impotencia, como si estuviera atada a la orilla, incapaz de hacer gran cosa para cambiar la situación. La trabajadora social asignada al caso de mi familia me aseguró que el objetivo principal de los servicios de protección infantil era la reunificación familiar. Aun así, había que esperar, y mi madre tendría que someterse a tratamiento y tomar clases de crianza antes de que se pudiera hacer algún avance.

Durante aquel período incierto, me puse en contacto con mi consejero universitario, Harrelson, y compartí los dolorosos detalles de lo que había sucedido. Él me escuchó con simpatía y me dio una perspectiva reconfortante. Me recordó que el sistema estaba diseñado para priorizar la reunificación de las familias, haciendo hincapié en la importancia del proceso de mejora de mi madre.

En los meses que siguieron, me sumergí en mis estudios y en el trabajo. Mis calificaciones eran decentes, pero no lograba decidirme por una carrera. Fue durante una de mis visitas regulares a Harrelson, una persona que se había convertido tanto en mentor como en amigo, cuando compartí mi deseo de tener una profesión en la que pudiera servir a los demás. Estaba considerando especializarme en justicia penal, imaginando un futuro como oficial de libertad condicional juvenil o en un rol similar de ayuda.

Sin embargo, Harrelson me introdujo en el campo del trabajo social. Me animó a profundizar en sus valores, la ética y los diversos roles que desempeñan los trabajadores sociales. Al comenzar este viaje de autodescubrimiento, me di cuenta de que el trabajo social se alineaba perfectamente con mi pasión por ayudar a los demás.

Comencé a sumergirme en la investigación, ansiosa por aprender sobre las innumerables maneras en que los trabajadores sociales podían ejercer un impacto positivo. A través de la experiencia de mi propia familia, fui testigo de primera mano del invaluable apoyo que nuestra trabajadora social asignada nos había proporcionado. Ella organizó una red de servicios para ayudar a mi madre y facilitar el proceso de reunificación familiar, ofreciéndonos un destello de esperanza.

Fue durante aquel momento crucial que decidí especializarme en trabajo social. Mi entusiasmo por adquirir conocimientos en este campo no solo estaba impulsado por el deseo de ayudar a los demás, sino también por una ferviente esperanza de que pudiera convertirme en un recurso para mi propia familia. Anhelaba guiarnos a través de este viaje desafiante, con el objetivo final de reunir a mis hermanos en un entorno mucho más saludable y seguro que el que habían conocido.

VEINTISIETE

Había llegado el último año de la universidad, y no podía estar más emocionada de comenzar el semestre de otoño. Reunirme con mis amigos y compañeros de clase me llenaba de alegría, pero había una persona a la que estaba particularmente ansiosa por ver: la Dra. Rebecca López, mi profesora de política social. Su presencia extraordinaria, marcada por la elocuencia y una confianza serena, siempre dejaba una huella duradera. Con el tiempo, pasó de ser mi profesora a alguien a quien admiraba y respetaba profundamente.

Disfrutaba mucho sus clases; me sentaba siempre en la primera fila para asegurarme de no perderme ni una palabra. Había algo único en ella. Cada vez que entraba en el aula, irradiaba confianza, y cuando se adentraba en el temario, lo hacía con elocuencia, gracia y dignidad. Me colgaba de cada palabra, y cuando se trataba de prepararme para sus exámenes parciales y finales, me esforzaba más que nunca en mis estudios.

Un parcial en particular destaca en mi memoria. La Dra. López había advertido a la clase que nos preparásemos bien para el ensayo del examen. Tomé sus palabras en serio, dedicando toda una semana a estudiar de manera exhaustiva. Ninguna página de mis apuntes quedó sin repasar; estaba decidida a dominar la materia. El día del examen, puse todo mi corazón y alma en responder las cuatro preguntas de ensayo y abordar las cincuenta preguntas de opción múltiple.

Una semana después, nos devolvieron nuestras calificaciones. La Dra. López, sosteniendo una enorme pila de exámenes, fue llamando por el nombre de cada estudiante en la clase, entregándoles personalmente sus calificaciones. La ansiedad me devoraba mientras esperaba que me llamara. No podía esperar a ver cómo me había ido.

Ella estaba terminando con su último paquete de exámenes, y yo estaba segura de que debía ser el mío. Lentamente, se acercó a mí, con sus ojos fijos en los míos. Con una sonrisa que me tocó el corazón, extendió su brazo con mi examen en la mano, y pronunció esas palabras que llevaré conmigo para siempre: "Felicidades, señorita Serratos, bien hecho".

Incrédula miré mi examen. Allí estaba, una calificación perfecta, un testimonio de mi esfuerzo y dedicación. Cuando miré a la Dra. López, su sonrisa parecía transmitir no solo aprobación, sino también orgullo por mi logro. Incluso me hizo un guiño sutil antes de regresar al frente del salón.

Es un recuerdo que atesoro, un recordatorio de cómo el aliento y la creencia de una maestra extraordinaria pueden impulsarnos a alcanzar las estrellas. Lo que más significó, sin embargo, fue que alguien notara mi esfuerzo constante y mi resiliencia, incluso durante los momentos en los que nadie podía imaginar los desafíos que enfrentaba fuera de las puertas del aula.

VEINTIOCHO

El nuevo año escolar acababa de comenzar y, mientras caminaba hacia el campus superior, decidí hacer una visita a Harrelson. Era nuestra habitual revisión, una oportunidad para compartir mi progreso académico y las novedades de mi vida. Sin embargo, aquella visita dio un giro inesperado cuando él me hizo una pregunta que me sorprendió:

"¿Has considerado postularte a la escuela de posgrado?".

La pregunta quedó en el aire, y estuve momentáneamente sin palabras. La idea de la escuela de posgrado era tan intrigante como intimidante. Las dudas inundaron mi mente. ¿Por qué querría seguir educándome cuando mis años de pregrado ya habían sido lo suficientemente difíciles? El pensamiento de todo esto me parecía abrumador. Miré a Harrelson y le pedí que profundizara más.

Él me explicó pacientemente el proceso de solicitud, haciendo paralelismos con mi experiencia anterior al postularme al programa de licenciatura en Trabajo Social. También destacó las puertas que un máster en esa materia me podría abrir, tanto en términos de los tipos de servicios que podría ofrecer como el posible aumento en la compensación económica.

Con su guía y aliento, decidí dar el paso. Comencé a redactar mi declaración personal, me ofrecí como voluntaria en la guardería de mi hermanito y conseguí cartas de recomendación de mi trabajo voluntario y del propio Harrelson. Me postulé solo a dos escuelas de posgrado: la Universidad del Sur de California y Universidad Estatal de California en Long Beach.

En otoño de 2004, me encontré poniendo un pie en el campus de la USC por primera vez. La prestigiosa Universidad del Sur de California me dejó sin palabras. Los hermosos edificios de ladrillos de color burdeos, los amplios jardines verdes, los altos árboles que perdían sus hojas, y los estudiantes que se apresuraban a lo largo de los caminos de cemento... todo era impresionante.

Caminando junto a mi amiga de la universidad, que también estaba entregando su solicitud, intercambiamos sonrisas incrédulas. Entregar nuestras solicitudes de posgrado en una institución tan reconocida parecía un sueño hecho realidad. La emoción burbujeaba dentro de mí mientras respiraba profundamente, empapándome del ambiente.

Desbordando entusiasmo, corrí por las escaleras e hice un gesto a mi amiga para que me acompañara a la biblioteca de la universidad. Al entrar, mis ojos se agrandaron al ver el emporio de conocimiento de dos pisos. Filas y más filas de libros invitaban a la exploración, pero algo más captó mi atención: un suéter de la USC, resplandeciente en carmesí y oro. Corrí hacia él y tomé uno de talla pequeña. Ella me miró con una mezcla de sorpresa y diversión.

"¡Judy, estás loca! Ni siquiera sabes si te aceptarán". Encontré su mirada con una sonrisa aún más amplia y un corazón lleno de esperanza. Con ese suéter de la USC en mis manos, sentí un atisbo del increíble viaje que me esperaba.

El suéter de la USC no era simplemente una prenda de ropa; era un compromiso. Un símbolo de mis sueños cristalizándose. Servía como evidencia de la magia que ocurre cuando te atreves a soñar y trabajas diligentemente para cumplir esos sueños. Era un recordatorio de que nuestros sueños, sin importar cuán grandes sean, son alcanzables. Los pasos más pequeños pueden llevar a las cumbres más altas, y yo estaba lista para ascender. Aquel suéter representaba el poder de la autoconfianza.

VEINTINUEVE

Las siguientes semanas, me sumergí en mis estudios, asistiendo diligentemente a todos mis cursos y cumpliendo mis horas de pasantía. Justo antes de las vacaciones, mi mamá me llamó para darme la alentadora noticia de que había cumplido con éxito todos los requisitos establecidos por el Tribunal de Menores para la reunificación familiar. Mis hermanas y mi hermanito podrían regresar a casa.

Estaba llena de felicidad, mi corazón estallaba de alegría. Una sensación de optimismo me invadió, y esperaba con ansias nuestra reunión. Me aferraba a la esperanza de que nuestras vidas seguirían mejorando, como un fénix renaciendo de las cenizas.

Inspirada y llena de valor, le propuse a mi mamá la idea de mudarnos juntas a un nuevo departamento. De esta manera, podríamos brindarnos apoyo en este nuevo capítulo de nuestras vidas. Con la aceptación de la escuela de posgrado aún incierta, no estaba segura de qué demandas y compromisos de tiempo me esperaban, pero estar cerca de mis hermanos y apoyar a mi mamá financieramente me parecía el paso correcto. Los había extrañado inmensamente.

Rebusqué en el mercado de alquiler, con la esperanza de encontrar el lugar perfecto. Sin embargo, los alquileres eran altos y las opciones adecuadas, limitadas. Anhelaba un lugar más bonito en un vecindario tranquilo, un departamento que pudiera servir como el escenario para nuestro nuevo comienzo.

Después de semanas de búsqueda incansable, encontré un departamento en la mejor zona de Hawthorne. El lugar era gestionado por una empresa profesional de administración de propiedades y, como pronto descubrí, su proceso incluía una solicitud de alquiler completa, un análisis del crédito y pagos anticipados del depósito completo, así como el primer mes de alquiler. La realidad se impuso: nunca había pasado por un proceso de alquiler tan complejo. Aunque me sentía estresada y abrumada, reuní valor y llamé a la oficina de administración de propiedades para programar una visita aquella misma tarde.

Corrí por las escaleras hacia el segundo piso, ansiosa por no llegar tarde a mi cita para ver el departamento. Mi corazón latía con fuerza mientras me acercaba a la puerta abierta. George, un hombre alto y mayor con gafas, me dio la bienvenida desde dentro. Entré con cautela; una mezcla de nervios y esperanza giraban dentro de mí. La adrenalina se desbordó al cruzar lo que rezaba porque fuera nuestro nuevo hogar familiar.

Con veintiún años, ya estaba manejando una multitud de responsabilidades. Me preguntaba cómo lo haría si aquel departamento llegaba a ser nuestro. Sin embargo, esa tarde decidí aprovechar la oportunidad. Durante la visita, vi un chance para contarle la historia de nuestra familia a George, el administrador de la propiedad. Con el cuello estirado para hacer contacto visual con aquel hombre imponente, finalmente encontré mi voz.

"George", comencé, mis palabras salieron con vacilación, "este departamento es precisamente lo que nuestra familia necesita. Hemos estado separados durante varios meses, pero ahora tenemos la oportunidad de reunirnos, de traer a mis hermanos de vuelta a casa justo a tiempo para Navidad. Conozco lo que cuesta el alquiler y el depósito requerido, y prometo que nunca llegaremos tarde en el pago. Asumiré toda la responsabilidad por mi familia. Solo necesitamos esta oportunidad, por favor".

Mis ojos se llenaron de lágrimas y, por un momento, me sentí expuesta y vulnerable. Pero era el ruego más sincero que podía hacer, y las únicas palabras que tenía.

George me miró, sus propios ojos brillaban por las lágrimas, y luego sonrió.

"Está bien", dijo, "veamos qué puedo hacer".

Mis palabras parecían haber tocado su corazón mientras le contaba acerca de nuestra inminente reunificación y mi desesperada necesidad de un nuevo comienzo. Le aseguré que asumiría todas las responsabilidades, firmando el contrato de arrendamiento a mi nombre y utilizando mi dinero de ayuda financiera para cubrir todos los costes iniciales. Fue un salto de fe, un paso significativo para asegurar un hogar estable y cómodo para mi familia y para mí en aquel nuevo capítulo de nuestras vidas.

Judy Stella

TREINTA

Sentí la fe del administrador de la propiedad en mí como un rayo de sol atravesando las nubes. Vio a una joven, aparentemente madura más allá de sus años, y se sentía genuinamente feliz de apoyar a nuestra familia en aquel nuevo capítulo de nuestras vidas. El alivio que sentí fue inmenso.

No podía esperar para llevar a mi mamá y a mis hermanos a ver el departamento. Era un espacio de dos habitaciones, completo, con su propio baño, una sala de estar espaciosa y una cocina con un pequeño comedor. Al entrar, el departamento te recibía con el fresco olor de la pintura. Las paredes estaban limpias y recién pintadas, los armarios de madera oscura y la alfombra nueva le daban al lugar un aire de promesa. Era como si hubiéramos ganado el primer premio; aquel era uno de los espacios más bonitos que nuestra familia había conocido.

Mi emoción era innegable. Aquella era una oportunidad para un nuevo comienzo. Conmigo manejando las finanzas y el papeleo, mi mamá solo necesitaba empacar ligeramente y asegurarse de que mis hermanos tuvieran lo que necesitaban para su regreso a casa. Esto le trajo un gran alivio y marcó un paso significativo hacia la estabilidad de nuestra familia.

Durante las siguientes dos semanas, comenzamos el proceso de mudarnos a nuestro nuevo departamento. Llevé todos mis muebles, electrodomésticos de cocina y mis preciados libros. Mi mamá organizó los muebles de su habitación y se aseguró de que mis hermanos tuvieran su ropa y lo esencial para su cuidado personal y escolarización.

En las semanas siguientes a nuestra mudanza, lentamente caímos en un nuevo ritmo y nos volvimos a acostumbrar a vivir juntos. Coordinar las rutinas matutinas del baño en nuestro departamento de un solo baño se convirtió en todo un desafío, ya que mis hermanas y yo nos preparábamos para ir a la escuela al mismo tiempo.

Aquellos días fueron especiales para mí. Disfrutaba de las interacciones diarias con mis hermanas, sobre todo al verlas navegar por sus años adolescentes. A menudo me pedían consejo sobre moda o me preguntaban si podían tomar prestados mis productos para el pelo o maquillaje. Yo era la hermana mayor, y apreciaba la oportunidad de nutrir nuestros lazos fraternales y formar parte de sus vidas.

Mi mayor deseo era estar disponible para mis hermanas, seguir apoyándolas y ser el modelo a seguir positivo para ellas que conlleva ser la hermana mayor. Su adolescencia era un momento único, lleno de la emoción de salir con chicos y pasar tiempo con las amigas. Tuve la oportunidad de ver a mis hermanas felices, construyendo relaciones con sus compañeros y experimentando todas las actividades típicas de crecer.

Atesoro esos momentos inolvidables pasados con mi hermanito. Cada tarde después de la escuela, llegaba a casa y lo encontraba en la sala de estar rodeado de sus juguetes. Tan pronto como me veía, una sonrisa radiante iluminaba su rostro, mostrando sus pequeños dientes plateados y el brillo en sus ojos. Llegar a casa y ver esa sonrisa cálida y dulce era una alegría diaria que llenaba mi corazón de felicidad.

En los días en que no tenía que correr al trabajo justo después de la escuela, me aseguraba de desacelerar mi ritmo e invitaba a mi hermanito a acompañarme a la cocina para tomar una merienda. Nos sentábamos en nuestra pequeña mesa de comedor de madera, y le preparaba un sándwich de mantequilla de cacahuete y mermelada o calentaba sobras de la comida de mamá de la noche anterior. Mientras nos mirábamos, lo escuchaba atentamente mientras compartía sus historias. Una conversación me llamó especialmente la atención. Hablaba con tanto entusiasmo sobre su visión y sueño de crecer para iniciar su propio negocio y convertirse en millonario. No pude evitar sonreír y asentir, esperando que se sintiera reconocido y que su hermana mayor apoyaba y alentaba sus sueños. Fue durante estos momentos en que me di cuenta de la importancia de ser una influencia positiva para mis hermanos, nutrir sus ambiciones y ayudarlos a creer que podían lograr cualquier cosa.

La alegría de estar todos juntos era indescriptible. Ver a mi mamá cada día era un consuelo. Sabía que los últimos meses habían sido increíblemente difíciles y estresantes para ella. Finalmente, todos vivíamos bajo el mismo techo. A pesar de nuestros horarios ocupados, logramos encontrar momentos tranquilos para ponernos al día y compartir nuestras experiencias. Particularmente, disfrutaba de las comidas caseras de mi mamá. Eran un apoyo para mí, ya que rara vez tenía tiempo para sentarme a disfrutar de una comida adecuada debido a mi apretada agenda. Aunque mi mamá quizás no entendiera completamente todo lo que estaba estudiando y haciendo durante mi pasantía, a menudo entraba en mi habitación, me ofrecía un refrigerio y me daba palabras de aliento cuando me encontraba despierta hasta tarde estudiando para los exámenes.

"Así, hija, sigue estudiando, síguele echando ganas. Que todo sacrificio vale la pena", me decía, recordándome que todos los sacrificios tenían recompensa.

Al escribir estas palabras hoy, reflexionando sobre mi vida como madre de dos hijos a la edad de cuarenta años, me doy cuenta en retrospectiva de que hay muchas cosas que habría hecho de una manera diferente. Anhelo haber estado más presente, más atenta a mis hermanos, comprendiendo cómo ellos lidiaban con los profundos cambios y emociones relacionados con nuestras reuniones después de meses de separación. Cada vez que reviso este capítulo de nuestras vidas, las lágrimas brotan, me duele el sufrimiento que todos soportamos, especialmente mis hermanos menores, cuyos sentimientos y pensamientos seguían siendo inciertos para mí. Hoy, me ofrezco gracia y autocompasión, encontrando consuelo en el saber que verdaderamente di lo mejor de mí para ayudarlos. Mi más profundo deseo es que siempre sientan mi amor, mi apoyo inquebrantable y mi sincero deseo por su bienestar.

Judy Stella

TREINTA Y UNO

A medida que mi vida tomaba forma de diversas maneras, también se estaban produciendo cambios personales. Recuerdo una mañana fresca durante un breve descanso entre clases, en que decidí salir a tomar aire fresco. Allí, por casualidad, me crucé con un viejo amigo de la escuela preparatoria, Erick.

Compartimos un grupo de amigos en nuestro último año de preparatoria, y aunque nuestros encuentros se limitaban a charlas breves en el campus o en fiestas universitarias de fin de semana, me emocionó ver una cara familiar. Comencé a compartir con él el torbellino de mi vida, equilibrando los trabajos de mitad de semestre, las exigencias de mi pasantía y la emoción de postularme a la escuela de posgrado. Fue como un respiro de aire fresco en medio del reciente caos en mi familia.

Sin embargo, había algo más, algo que no podía ignorar. Mientras hablábamos, no pude evitar notar la transformación tan atractiva que había experimentado Erick. Por primera vez en los muchos años que lo conocía, realmente vi su gran sonrisa y sus dientes perfectamente alineados. Sus ojos tenían un brillo especial cada vez que sonreía, y encontraba consuelo en la suavidad de sus palabras. Al instante, una atracción floreció, un enamoramiento, acompañado por el revoloteo de mariposas en mi estómago, señalando el inicio de unos sentimientos que no podía ignorar.

Desde ese día, anticipaba con entusiasmo cada cruce de nuestros caminos en el campus o la posibilidad de salir, aunque fuera solo por unos minutos. Nos intercambiamos mensajes, y en medio de nuestro último semestre de universidad, equilibrando los exámenes de mitad de semestre y el trabajo, logramos robar unos pocos momentos para estar juntos. Ocasionalmente, a pesar del ajetreo, encontrábamos fines de semana o preciosas horas entre clases para salir y charlar.

Un fin de semana memorable, decidimos ir a la playa con nuestros patines en línea para recorrer The Strand en Manhattan Beach. Recuerdo vívidamente un momento de pánico mientras bajábamos por una pendiente. Como no estaba acostumbrada a los frenos, instintivamente me aferré a Erick, y juntos caímos en un rosal. La risa estalló, creando una broma compartida que resumía nuestra capacidad de encontrar humor en lo inesperado. Hasta el día de hoy, recordamos ese incidente riendo, mientras Erick me hace bromas sobre cómo supuestamente lo empujé al rosal.

En aquellos momentos agradables en las orillas arenosas, el mundo fuera de nuestra conexión parecía desvanecerse. El ritmo de nuestras carreras descalzas, las risas compartidas y las conversaciones susurradas pintaban una imagen vibrante, haciendo que las tensiones familiares y escolares pasaran a un segundo plano. La playa se convirtió en nuestro santuario, un lugar donde el tiempo se ralentizaba y podíamos disfrutar de la simplicidad de nuestra compañía. Los susurros del océano parecían reflejar los sentimientos no expresados que iban creciendo entre nosotros.

A medida que pasaban las semanas, mis sentimientos por Erick se profundizaban, trascendiendo el primer aleteo de mariposas. Me encontraba imaginando nuestra relación como algo más hondo que dos jóvenes adultos navegando por el mundo de las citas universitarias. La idea de convertirnos en pareja, asumir el título de su novia, comenzó a materializarse en mis pensamientos. La evolución de nuestra conexión se convirtió en una certeza silenciosa, un vínculo que iba más allá de los límites de la compañía casual.

Déjame compartir otra historia, que algunos dirán que consolidó la idea de que Erick y yo estábamos destinados a estar juntos. Ahora, si le preguntaras a él sobre esto hoy, probablemente se reiría y ofrecería una perspectiva completamente diferente a la mía. Así es como sucedió.

En nuestro último año de preparatoria, Erick y yo compartíamos el mismo grupo de amigos. Nuestro lugar favorito para pasar el rato durante el almuerzo era un banco sencillo junto a Nyman Hall. En ese momento, Erick había decidido hacerse vegetariano. Cuando algunos de nuestros compañeros se burlaban de su elección dietética, yo intervenía, invitándolo a unirse a mí en la barra de bocadillos. Juntos, pedíamos dos burritos de frijoles con queso y un jugo de naranja, mi pequeña forma de apoyar su nueva dieta. Poco sabía yo que esta rutina estaba sentando las bases para algo más en el futuro.

Erick, gradualmente, se convirtió en mi nuevo compañero de almuerzo, y mirando hacia atrás, fue uno de esos amigos geniales con los que realmente disfrutaba pasar el tiempo. Un día, durante nuestra habitual reunión de almuerzo, me di cuenta de que Erick no estaba por ningún lado. Preocupada, le pregunté a nuestro amigo Sergio si lo había visto, y me comentó que estaba en clase, trabajando en una tarea del Sr. Anderson.

Agradecida por el dato, me dirigí a la barra de bocadillos, pedí nuestro almuerzo habitual y acudí al aula donde Erick se encontraba. Con una sonrisa, lo saludé y le ofrecí hacerle compañía mientras terminaba su tarea. Este simple acto de amistad sería interpretado más tarde de maneras muy diferentes.

Al reflexionar sobre este recuerdo, veo aquella época cuidando a Erick como un amigo, mucho antes de que surgiera cualquier atracción romántica o física. Era un interés genuino y platónico por un amigo genial. Sin embargo, a Erick, siendo el encantador narrador que es, le gusta contarlo como la prueba de que siempre había tenido un interés en él, una supuesta obsesión desde aquellos tiempos. Hoy en día, nos reímos y bromeamos sobre estas perspectivas diferentes, y son momentos como estos los que muestran su sentido del humor, una de las muchas razones por las que me enamoré de él.

Nuestra amistad floreció en un amor romántico, un viaje que, como muchos otros, desveló las complejidades de la intimidad y trajo a la superficie dolores del pasado. Las heridas de nuestras infancias, sumadas a patrones de comunicación poco saludables y habilidades limitadas para resolver problemas, surgieron como desafíos que tuvimos que enfrentar juntos.

En los primeros meses de nuestra relación, Erick y yo nos enfrentamos a estas dificultades de manera directa. La forma de comunicación poco saludable y las habilidades limitadas para resolver conflictos surgieron, ejemplificadas en mi lucha por expresar mis sentimientos de manera clara y directa. El momento crucial, el primer gran obstáculo en nuestra relación, ocurrió cuando Erick expresó dudas sobre llevar nuestro estado de relación al compromiso. Fue una revelación desgarradora, que me dejó en silencio y con los ojos llorosos, luchando con el dolor de sentirme insuficiente y rechazada.

Después, pasaron días sin comunicación. Me faltaba la madurez emocional y la comprensión para manejar la situación de manera efectiva. Sin embargo, el anhelo de la compañía de Erick persistió, y me encontré contactándolo después de algunos días o semanas, retomando nuestro tiempo juntos. Una parte de mí se aferraba a la esperanza de que él cambiaría de postura, y eventualmente, nos convertimos en pareja oficial. Nuestra relación se desarrolló de forma orgánica, avanzando por las fases de exclusividad, compromiso, matrimonio y formar una familia.

A medida que pasaban los años, Erick y yo emprendimos nuestros viajes individuales y compartidos de sanación. Revisamos las heridas de la infancia, enfrentamos traumas y luchamos con la ausencia de habilidades saludables para lidiar que se necesitan para una relación óptima. Nuestro estatus de primera generación en una familia de inmigrantes agregó otra capa, ya que las expectativas y el impulso de tener éxito, basados en honrar los sacrificios de nuestros padres, influyeron en nuestras perspectivas.

Erick se imaginaba a sí mismo como un empresario exitoso, y veía las relaciones serias como posibles distracciones. Su percepción del amor y del matrimonio estaba empañada por el dolor y la pérdida por el divorcio de sus padres cuando tenía doce años. Durante mucho tiempo, mantuvo la creencia de que no se casaría nunca.

Por mi parte, las heridas del abandono y los sentimientos de insuficiencia surgieron de la separación de mis padres cuando solo tenía tres años. La ausencia del amor y del cuidado de un padre en mi vida habían dejado huellas profundas.

Superar aquellos obstáculos sin las herramientas y el apoyo adecuados fue extremadamente difícil, y lo hicimos lo mejor posible como la pareja joven que éramos. Con el tiempo, nuestros viajes de crecimiento personal nos guiaron hacia nuevas perspectivas y un futuro prometedor. Leímos libros, escuchamos podcasts, buscamos terapia individual y de pareja, y aprendimos a comunicarnos y entendernos mejor. En casi veinte años juntos, hemos construido una base sólida, apoyando el crecimiento y los sueños del otro, y permaneciendo comprometidos con nuestro matrimonio. Estoy agradecida por el viaje, orgullosa de los individuos en los que nos hemos convertido, y con la esperanza de que Dios nos conceda una vida larga y bendecida juntos.

Judy Stella

TREINTA Y DOS

El destino intervino una vez más en un momento crucial de mi vida. En una bulliciosa mañana de domingo, durante la animada hora del almuerzo, un caballero de edad avanzada entró al restaurante, expresando su deseo de sentarse en mi sección. Aunque me resultaba desconocido, me acerqué con entusiasmo a su mesa, lista para ofrecerle hospitalidad. Pidió un té caliente con miel, y mientras lo guiaba hacia la sección del brunch, le aseguré que estaba a su disposición para asistirlo en lo que necesitara. En respuesta, él sonrió ampliamente, entregándome la sonrisa más radiante que había visto, agradeciendo mi amabilidad.

La semana siguiente me trajo una agradable sorpresa cuando el Sr. Charles Saullo, ahora una cara familiar, regresó. Expresó su disfrute del brunch, elogiando mi servicio. Durante los siguientes dos años, continuó haciendo su viaje semanal desde Inglewood hasta Redondo Beach, llegando en autobús para saborear té caliente, gofres y fruta fresca. Nuestra nueva amistad floreció, y dentro de ella, descubrí no solo su té favorito, sino también atesoré nuestras profundas conversaciones.

El Sr. Saullo se convirtió en una constante en mi vida. Su genuino interés en mi trayectoria educativa y sus palabras de aliento se convirtieron en una presencia reconfortante. Su actitud calmada actuó como un ancla durante un tiempo tumultuoso. Mientras perseguía mi maestría en la USC, él celebraba mis logros con un calor similar al de un abuelo orgulloso. Su apoyo era ilimitado, y su sabiduría se convirtió en una fuente de inspiración.

A pesar de la fuerte conexión que compartíamos, había aspectos de la vida del Sr. Saullo que él prefería mantener en privado. Cuando le pregunté sobre su familia, él rechazó hablar de ello educadamente, diciendo que era demasiado doloroso para él. Respeté su deseo y nunca volví a tocar el tema. Nuestros domingos continuaron con saludos alegres y bienvenidas cálidas.

A medida que se acercaba mi graduación de la USC, el orgullo del Sr. Saullo por mí era palpable. Abrir la tarjeta de graduación que me regaló me llenó de una emoción abrumadora, un sentimiento de logro y la certeza de que lo había hecho sentir orgulloso. Su tarjeta se convirtió en un recuerdo atesorado, una fuente de aliento durante tiempos inciertos.

Después de la graduación, dejé el restaurante para embarcarme en el siguiente capítulo de mi vida. La emoción por las nuevas oportunidades coexistió con la conciencia de que extrañaría nuestros encuentros semanales. Intercambiamos información de contacto, asegurándonos de que nuestra conexión continuara fuera del restaurante. Siguieron llamadas regulares, en las que nos poníamos al día sobre nuestras vidas.

Un día, mientras conducía a casa, los pensamientos sobre el Sr. Saullo me impulsaron a llamarlo. Descubrí que estaba en la biblioteca local, así que tomé una decisión espontánea de ir a encontrarme con él. Pasamos horas compartiendo historias, recordando nuestros *brunches* y poniéndonos al día. Hicimos planes para volver al restaurante como clientes, pero el destino tenía pensada otra cosa.

Luego llegó el día en que la preocupación me oprimió el corazón. Varios intentos de contactar con el Sr. Saullo quedaron sin respuesta, y una escalofriante realidad se hizo presente cuando supe que su número ya no estaba en servicio. Temiendo por su bienestar, corrí a la residencia para personas mayores donde vivía, solo para recibir una devastadora noticia: había fallecido dos semanas antes, solo y sin familia o amigos conocidos.

La culpa de no haber estado allí para él en sus últimos días pesaba sobre mi alma. Decidida a honrar su memoria, trabajé incansablemente para asegurarme de que recibiera una despedida adecuada. Al descubrir que era veterano, el hospital me aseguró que proporcionarían asistencia para un servicio y entierro digno.

El día de su funeral, me encontré conduciendo hacia el Covina Hills Forest Lawn con una mezcla de nerviosismo y tristeza. Con un pequeño ramo de flores blancas, entré en la capilla y fui recibida por el capellán. Su pregunta sobre otros asistentes sacó a la luz la dolorosa realidad de que yo era la única testigo para despedir al Sr. Saullo.

Mientras el capellán hablaba elocuentemente, reconociendo la naturaleza cíclica de la vida y la muerte, me senté en soledad, con lágrimas rodando por mis mejillas. Cuando me invitó a hablar, me levanté frente a una sala vacía y recordé nuestra amistad: los brunches, las conversaciones y el profundo impacto que tuvo en mi vida. En ese solemne momento, reconocí el vacío que dejaba su ausencia, pero celebré la riqueza que había aportado a mi mundo.

A pesar del dolor, el capellán me animó a compartir la belleza de nuestra amistad. A través de mis ojos llorosos, compartí nuestra historia, enfatizando su impacto en mi vida. La gratitud fluía por su gran corazón, el aliento que me brindó y la autoestima que me inculcó durante los momentos difíciles. En esa capilla silenciosa, me di cuenta de la profundidad de nuestra conexión y de cómo la amabilidad de un hombre había dejado una huella profunda en mi vida.

"Hoy, me encuentro sola, pero no sin amor por el Sr. Saullo. Su impacto en mi vida es incalculable. Su actitud tranquila y su genuina amabilidad moldearon a la persona que soy hoy. Sus palabras fueron un salvavidas, me recordaron mi valía incluso en los momentos más oscuros".

Respiré profundamente, encontrando consuelo en los recuerdos que compartimos.

"Llevo su tarjeta de graduación conmigo, un recordatorio constante de su fe en mí. En su ausencia, estoy agradecida por el privilegio de estar aquí hoy, asegurándome de que no sea olvidado. El Sr. Saullo pudo haberse ido de este mundo en silencio, pero su presencia resonará para siempre en mi corazón".

En esa capilla, susurré mi última despedida a un amigo cuya presencia iluminó mi camino, dejando un legado eterno que ahora llamo cariñosamente "El efecto Saullo". Su memoria, una reserva de inspiración y gratitud, me impulsa hacia un propósito superior: la búsqueda de amabilidad, conexiones auténticas y el conocimiento del profundo impacto que un alma puede tener sobre otra.

Al llevar su memoria adelante, recuerdo constantemente los momentos en que la esperanza parecía esquiva y el desaliento se cernía, subrayando una vez más el poder transformador de que otros estén presentes, extiendan su amabilidad y nos otorguen el hermoso regalo de la conexión humana.

TREINTA Y TRES

Me gustaría compartir la primera vez que vi a mi madre como un ser humano completo y separado de mí. Fue durante un encuentro a mediodía en que la invité a almorzar en su restaurante favorito. Estábamos disfrutando de un aperitivo, con su ensalada preferida y panecillos. Recuerdo lo emocionada que estaba de estar juntas, sonreía, se sentaba erguida, con calidez y suavidad en sus ojos. En ese momento, me di cuenta de lo feliz que estaba de que la hubiera invitado a almorzar y de la oportunidad de estar juntas; era evidente por cómo suavemente extendió la mano a través de la mesa para tocar la mía. Me sentí incómoda por aquel gesto.

Mi mamá me miró, dijo mi primer nombre hasta que levanté la vista hacia ella y finalmente nuestros ojos se encontraron.

"Sé que no fui la madre perfecta; reconozco que cometí muchos errores mientras los criaba a ti y a tus hermanos". Se detuvo, y luego dijo: "Pero tampoco creo que haya sido una madre horrible".

Hice una pausa. Tomé varias respiraciones profundas antes de abrir la boca para decir algo. Al mirar a mi madre, sentí como si ese momento se hubiera congelado en el tiempo lo suficiente como para captar su mensaje realmente.

Aquel preciso momento, cuando me detuve y miré a mi madre, fue la primera vez que reconocí que era un ser humano digno de ser escuchado, y aunque nuestras realidades diferían enormemente, la historia de mi madre era tan válida y significativa como la mía. Sentí una nueva compasión por ella, muchos pensamientos flotaron en mi mente y me pregunté si no estaría comparando mi infancia y sus esfuerzos por ser la mejor madre para mí con su propia infancia. Probablemente llegó a la conclusión de que no era una madre horrible a partir de allí.

Sufrí al enfrentar una desgarradora pregunta: ¿cuánto peores y más dolorosas fueron la infancia y la vida de mi madre en comparación con la mía? Aunque en los últimos años he conocido más detalles íntimos sobre su crianza y experiencias de vida, me siento abrumada por esta nueva compasión y gracia hacia mi madre.

TREINTA Y CUATRO

En una tarde de marzo de 2020, extendí una invitación a mi madre, ofreciéndome a recogerla después del trabajo para que cenáramos juntas. Con una sensación de nostalgia, nos encontramos en El Cerro Verde, un restaurante que evocaba los sabores y recuerdos preciados de mi infancia. Los recuerdos inundaron mi mente, llevándome de vuelta a los fines de semana cuando mi madre pedía pupusas y plátanos fritos de una iglesia cercana. Esos momentos alrededor de la mesa, saboreando una deliciosa comida, dejaron una huella duradera en mi corazón, influyendo en mi elección del lugar para aquel encuentro íntimo.

Mientras nos sentábamos a cenar, el ambiente estaba lleno de una mezcla de emociones. Profundizamos en temas familiares, discutiendo sobre el bienestar de mis hijos y mis experiencias en nuestro negocio familiar. Sin embargo, el aire cambió cuando mi madre, después de veintiséis años, tocó un tema que había estado largo tiempo enterrado: el momento en que revelé el abuso físico y sexual que había sufrido.

Una respiración profunda flotaba en el aire mientras lidiaba con la incertidumbre sobre la dirección de la conversación. La escuché atentamente, dándome cuenta de que mi madre tenía la intención de compartir sus experiencias recientes procesando este doloroso incidente en su terapia individual. Sus palabras desvelaron arrepentimiento, reconociendo las señales de alerta que había pasado por alto y el mal manejo de la situación. Otra respiración profunda, y compartí mi propio recorrido en la terapia, expresando mi decisión de no volver a llamar a mi agresor "papá" y mi deseo de distanciarme de él en los eventos familiares.

En el pesado silencio que siguió, las lágrimas fluyeron libremente. Mi madre sostenía suavemente mi mano izquierda, con los ojos llenos de emoción.

"Pero no llores, Judy", susurró.

"No, mami, déjame llorar, que es bueno llorar para sacar todo esto que siento por dentro", insistí.

Nos sentamos en lo que pareció una eternidad, las lágrimas marcaban un camino en nuestras mejillas. Breves momentos de contacto visual recalcaron la tristeza compartida, y, con una servilleta, me limpié las lágrimas. Luego, en un gesto de consuelo, mi madre cubrió mi brazo derecho con su mano, apretando suavemente y negándose a soltarlo. Sus ojos se fijaron en los míos, y con voz firme y segura, dijo:

"Tú eres una luchona, y me siento muy orgullosa de ti. Yo te quiero mucho y cuentas con mi apoyo incondicionalmente".

Sus palabras fueron un bálsamo, un tsunami de olas curativas que lavaban el dolor de mi niña interior. Durante años, todo lo que había anhelado era el reconocimiento, la aceptación y el orgullo de mi madre. En ese momento, me sentí vista, entendida y abrazada con un apoyo inquebrantable, una profunda certeza que sanó las heridas más profundas de mi alma.

Esa misma tarde, llevé a mi madre a casa. Mientras nos despedíamos en mi coche, me encontré haciendo una pausa una vez más, respirando profundamente. En ese momento, tomé una decisión, una elección que ahora considero crucial. Con sinceridad, envolví a mi madre en un abrazo sentido, plantando un tierno beso en su mejilla. "Te quiero, mamá", susurré suavemente, las palabras deslizándose de mis labios. Sin embargo, la abrumadora oleada de emoción que me inundó, llegando hasta las profundidades de mi ser, sigue siendo indescriptible hasta el día de hoy. Ninguna palabra, por más cuidadosamente elaborada que sea, podría capturar su esencia de manera adecuada. Pero sé, más allá de cualquier duda, que fue sentida. Por ambas.

Carta a mi madre

Querida mamá:

Al reflexionar sobre el camino que hemos compartido, me conmueven las innumerables experiencias que nos han formado. Juntas hemos enfrentado tormentas de dolor y arrepentimiento, y es solo ahora, que las piezas dispersas del rompecabezas de nuestras vidas comienzan a formar un hermoso inicio. Con este entendimiento, recién encontrado, me disculpo sinceramente por esos momentos en los que no pude comprender la situación, y juzgué injustamente cosas que estaban más allá de mi entendimiento.

Hoy, te miro a ti y a nuestras experiencias compartidas a través de un lente de compasión y sanación. Mamá, quiero que sepas que no fuiste una madre horrible; hubo muchas cosas que hiciste excepcionalmente bien. Lamentablemente, nos encontramos atrapadas en la dolorosa telaraña del trauma generacional, una carga que ninguna de las dos merecía llevar. Soportaste un profundo dolor y sufrimiento mayores de lo que podría imaginar, y desearía que no hubiéramos tenido que atravesar momentos tan difíciles.

La verdad innegable es que la fuerza y la resiliencia que poseo hoy, la esencia de una "luchona", es un testigo del ejemplo inquebrantable que diste. Reconozco y aprecio los sacrificios que hiciste por mí.

Quiero expresarte mis más sinceras disculpas por el dolor y sufrimiento que soportaste mientras tratabas desesperadamente de mantenerte a flote y ser madre. Ahora, como madre, puedo empatizar con los obstáculos que enfrentaste, aferrándote al último hilo de estabilidad mientras eras responsable de otra vida.

Le agradezco a Dios por el milagro de la sanación que ha bendecido nuestra relación. Que este entendimiento recién encontrado sea una fuente de compasión y gracia que continúe envolviéndonos. Mi oración por ti es que siempre te sientas amada y apreciada, sabiendo que he soltado todo resentimiento. Mamá, te amo profundamente, y mi mayor esperanza es que Dios te conceda una vida larga y plena. Si el inicio de nuestro viaje estuvo lleno de desafíos, abrazo la oportunidad de tener una relación sana, amorosa y nutritiva en este próximo capítulo de nuestras vidas.

Eres el mayor milagro de mi vida, y estoy agradecida por esta segunda oportunidad para experimentar un círculo completo de amor y comprensión contigo. Te amo, mamá.

Con todo mi cariño,
tu hija, Judy.

TREINTA Y CINCO

Emprender el viaje de la maternidad ha sido una de las experiencias más profundas y transformadoras de mi vida, moldeando no solo mi vida, sino también las vidas de las preciosas almas que traje a este mundo. Es una responsabilidad que valoro intensamente, reconociéndola como la contribución más significativa que he hecho durante mi existencia en esta Tierra. Aunque valoro otros sueños y aspiraciones, el rol de madre se ha convertido en un pilar, una identidad profunda que se entrelaza con la esencia misma de mi ser.

La maternidad, para mí, se convirtió en una oportunidad para reconectarme con mi propia niña interior, una oportunidad para navegar por el delicado terreno de sanar mis heridas de la infancia mientras guiaba a mis propios hijos a través del laberinto de la vida. Me exigió enfrentar las sombras de mi pasado, reconociendo y trabajando para sanar el trauma generacional. En el proceso, me encontré en una montaña rusa emocional, aprendiendo a regular mi propio sistema nervioso central con la esperanza de liberarme de las cadenas de los ciclos familiares disfuncionales.

Como muchos padres, albergaba sueños de ofrecer a mis hijos más que solo comodidades materiales. Mis aspiraciones iban mucho más allá de lo visible, arraigadas en el profundo deseo de brindarles una infancia que contrastara con la mía. A medida que tú, querido lector, has recorrido mi historia, has obtenido una visión de los desafíos de mi propia crianza, perspectivas que alimentan mi motivación diaria para estar presente para mis hijos sin importar cuán arduo pueda parecer a veces ser madre.

Sobrevivir los ecos de mi pasado no fue suficiente; aspiraba a prosperar. Me esforzaba por ser una madre que trascendiera las limitaciones de las viejas heridas, fomentando un sentido de propósito equilibrado en la vida de mis hijos. Era imperativo que rompiera los ciclos y satisficiera sus necesidades físicas, emocionales y espirituales.

Incluso antes de que mis hijos tomaran su primer aliento, me comprometí a buscar terapia con un profesional de salud mental. Empecé un viaje de autosanación, sabiendo plenamente que el proceso sería continuo. A lo largo de los años, devoré libros sobre crianza, escuché innumerables episodios de podcasts y asistí a conferencias y talleres. Mi sed de conocimiento surgió no solo de una búsqueda personal de crecimiento, sino también de una profunda comprensión de cómo la ignorancia y la falta de autoconocimiento podrían perpetuar el trauma generacional.

Reconociendo mi humanidad, he cometido errores a lo largo de este viaje de la maternidad. Sin embargo, he aprendido el arte de la autocompasión y la gracia. Reparar se convirtió en una herramienta poderosa; escuchar las necesidades de mis hijos, en una práctica sagrada, y validar sus emociones, en la base de nuestra conexión. Mi prioridad era clara: cultivar un apego seguro y proporcionar un hogar con una base sólida rodeada de amor y crianza.

La maternidad se convirtió en un lente a través de cual gané empatía por mi propia madre. Luchando con la depresión posparto, busqué terapia durante los tiempos más oscuros, sosteniendo dos verdades simultáneamente: mi dolorosa realidad infantil y una nueva compasión por la propia historia traumática de mi madre. Fue una danza delicada entre reconocer el pasado y comprender las complejidades que moldearon su camino.

Rechazando la noción de una maternidad desinteresada y sacrificial, elegí la intencionalidad en la toma de decisiones para nuestra familia. Con mi esposo, definimos parámetros alineados con nuestros valores fundamentales, dejando espacio para la flexibilidad y la evaluación continua. La esencia era asegurar que nuestros hijos siempre se sintieran conectados, comprendidos y aceptados; su autoestima sería incuestionable.

Liderar con conocimiento significaba estar presente y consciente, entregándome a la maternidad sin comprometer mi bienestar. A través de los altibajos, los pequeños actos de autocuidado se convirtieron en instrumentos clave para asegurar que mis hijos experimentaran una madre amorosa capaz de ofrecer consuelo y compasión. El coraje de enfrentar la maternidad se convirtió en sinónimo de la valentía necesaria para criar tanto a mis hijos como a mi niña interior simultáneamente: un compromiso arraigado en el amor incondicional y el sentido de pertenencia.

Carta a mis hijos

A mis amados hijos:

Ustedes son mi constante inspiración, la razón por la que me levanto cada día decidida a convertirme en la mejor versión de mí misma. Su presencia en mi vida me anima a ser una persona más amable, más compasiva y a mantenerme conectada con mis emociones.

    Les pido humildemente perdón por las veces que no he estado a la altura, por no haber respondido con la amabilidad y la suavidad que se merecen. Reconozco mis errores, y quiero que sepan que cualquier falta de mi parte no tiene nada que ver con su valor inherente ni con el amor que merecen.

    No voy a ofrecer una lista de razones o justificaciones porque no quiero que piensen que mis acciones estaban justificadas. No obstante, me esfuerzo cada día por ser una mejor madre para ustedes. Mi mayor deseo, mientras oro a Dios a diario, es el regalo de una vida larga para poder seguir siendo valiente y crecer como su madre.

    Mi amor por ustedes es inmenso, mis bellos y adorados hijos. Independientemente de los desafíos que la vida nos traiga, recuerden siempre lo significativos y especiales que son para mí. Que la calidez del amor los envuelva para siempre, y que nunca duden de la profundidad de mi amor por ustedes.

Con todo mi amor,
Mamá.

TREINTA Y SEIS

Retrocedamos a un capítulo anterior en mi memoria: cuando les presenté por primera vez a mi querido amigo Auggie, ¿lo recuerdan? Avancemos hasta el momento en que recibí un mensaje que cambiaría el rumbo de mi vida.

Era el 8 de octubre de 2022, cuando Enrique, un viejo compañero de mis días en Marie Callender's, se puso en contacto conmigo a través de Facebook. La noticia que me dio me golpeó con una mezcla de sorpresa y tristeza: nuestro querido amigo Auggie estaba en el hospital. Según Enrique, Auggie había perdido la vista y le habían amputado la pierna debido a complicaciones con la diabetes. La revelación explicaba los mensajes que le envié por años y que no fueron respondidos.

Impulsada por la preocupación y el profundo deseo de reconectar, me embarqué en una misión para encontrar a Auggie. Revisé mis viejas pertenencias buscando un teléfono en el que aún pudiera tener su número. Con cada número que marcaba, mi corazón se aceleraba, rezando por obtener una señal de información sobre mi amigo. Un rayo de esperanza surgió cuando el hijo de Auggie respondió la llamada, confirmando sus problemas de salud y su traslado a un centro de atención para personas mayores en el condado de Orange.

Al día siguiente, conduje durante una hora para visitar a Auggie, sin saber con qué me encontraría. Al entrar en su habitación, la enfermera me informó que estaba recibiendo fisioterapia, le pedí un momento para saludarlo y le aseguré que esperaría en el área común. La cortina estaba a medio abrir, revelando a Auggie sentado y apoyándose (una sombra del alma vibrante que una vez conocí). Su fragilidad y el peso de sus batallas de salud pesaban profundamente en mi corazón, las lágrimas se acumularon mientras lo saludaba.

"Hola, Auggie, soy Judy", dije con voz temblorosa. Su mirada se encontró con la mía, y la confusión nubló sus ojos.

"¿Judy?", susurró.

Asegurándole, repetí: "Sí, Auggie, soy Judy, de Marie Callender's."

Las emociones nos abrumaron, nos abrazamos y las lágrimas corrieron por nuestros rostros. No podía sacudirme el miedo de que él no me recordara, pero cuando mencioné mi nombre y nuestra historia compartida, el reconocimiento apareció en sus ojos y lloramos juntos.

Nos retiramos a un patio exterior, tomados de la mano nuestra conversación se desplegó. Auggie compartió conmigo las dificultades del año pasado, expresando el deseo de poner fin a su vida debido a los desafíos que enfrentaba. Mi corazón se rompió, pero asumí el rol de oyente compasiva ofreciéndole consuelo y comprensión.

"Estoy aquí, Auggie, te prometo que no te dejaré", le prometí, respetando el espacio para su dolor.

Mientras hablábamos durante horas, nuestra conversación profundizó en historias personales (su viaje de México a los Estados Unidos, mi familia y el profundo impacto que tuvo en mi vida), y fue un momento conmovedor cuando me di cuenta de que Auggie provenía del mismo pueblo que mi padre.

"Auggie, creo que mi padre te envió a mí para que pudieras ser mi padre en esta Tierra", confesé apretando su mano con más fuerza.

Sus ojos brillaron con orgullo, mientras elogiaba a la mujer y madre en la que me había convertido la gratitud se expandió dentro de mí, pero una verdad no dicha permaneció, necesitaba exponer los sentimientos más profundos de mi corazón.

"Diosito te mandó para mostrarme el amor de un padre. Creíste en mí, me sostuviste y guiaste en los momentos más oscuros", confesé con las lágrimas fluyendo libremente.

Auggie respondió a mi sentimiento afirmando su amor y orgullo por mí.

Mientras la tarde se desvanecía, el cansancio se reflejaba en el rostro de Auggie. Lo ayudé a acomodarse de nuevo en su habitación, le ayudé con el almuerzo y le di mi información de contacto a la enfermera, comprometiéndome a estar allí para él.

"Sí, puedes llamarla. Ella es mi hija y la quiero mucho", dijo él en un momento de claridad.

Esas fueron las últimas palabras que Auggie me dijo. Días después una llamada sombría me dio la noticia de su fallecimiento. El dolor de anhelar verlo nuevamente se mezclaba con la comprensión de que sus batallas de salud le habían privado de la vida que merecía. El arrepentimiento surgió por no haber estado a su lado en sus últimos momentos, pero me aferré a la promesa de honrar su amor.

Mi querido, Auggie: mi afecto y amor por ti son profundos. No pasa ni un solo día sin que cruces mis pensamientos, tus palabras de despedida permanecen grabadas en mi corazón, motivándome a encarnar el amor que generosamente me compartiste. Aspiro a ser una persona compasiva y amorosa, esperando así hacerte sentir orgulloso cada día. Que mis actos, expresiones y el amor que comparto con los demás reflejen el maravilloso legado que dejaste y la profunda influencia que tuviste en mi vida.

Judy Stella

TREINTA Y SIETE

Mi papá falleció cuando yo tenía apenas ocho años, dejando en mi corazón un vacío que no entendí completamente durante muchos años. Me tomó mucho tiempo (treinta años para ser exacta) llegar a aceptar su muerte y permitirme llorarlo.

Al crecer, me convencí de que no debía sentir profundamente su pérdida porque no tenía recuerdos vívidos con él. Mis padres se separaron cuando yo tenía tres años, y desde entonces, mi papá estuvo ausente en mi vida. Razoné que, si no tenía muchos recuerdos a los que aferrarme, entonces no tenía derecho a llorarlo.

Pero en marzo de 2021 todo cambió, fue un mes que alteraría para siempre el curso de mi vida. Algo dentro de mí cambió, decidí enfrentar el dolor y la tristeza que había estado reprimiendo todos esos años, finalmente me permití llorar, reconocer el vacío que su ausencia había dejado en mi vida.

A medida que me adentraba en las profundidades de mis emociones, me di cuenta de que llevaba un profundo anhelo por el amor de mi padre. A pesar de la falta de recuerdos, descubrí que mi corazón guardaba tanto amor por él, ya no podía negar la conexión que compartimos, aunque esta haya sido cortada y opacada por las circunstancias de nuestra separación.

El peso de su ausencia se hizo evidente a medida que comenzaba a desentrañar mis emociones, y me afectó de una manera que no había comprendido completamente antes. Anhelaba los momentos que podríamos haber compartido, las experiencias que hubiésemos vivido juntos; añoraba haber tenido una vida diferente, una en la que nuestro lazo no hubiera sido roto a tan temprana edad.

Permitir que me duela y reconocer estos sentimientos fue una experiencia catártica. Fue como si finalmente me estuviera dando permiso para llorar y honrar la memoria de mi papá, y a la vez enfrentar el impacto de su ausencia en mi vida. El dolor y la tristeza fueron abrumadores muchas veces, pero a través de las lágrimas encontré sanación.

Me di cuenta de que nunca es demasiado tarde para llorar, para lamentar la pérdida de alguien que jugó un papel importante en mi vida. No importa si los recuerdos son pocos o si el tiempo que pasamos juntos fue breve, el amor que siento por él es genuino, y el dolor por su ausencia es completamente válido.

Así que aquí estoy treinta años después, finalmente dándome la oportunidad de llorar la muerte de mi papá. Llevo su memoria en mi corazón, sabiendo que el amor que tengo por él siempre será parte de mí. Y mientras sigo avanzando, me esfuerzo por vivir una vida que lo haga sentir orgulloso, abrazando las lecciones que su ausencia me enseñó y atesorando las conexiones que tengo con aquellos que aún están a mi lado.

TREINTA Y OCHO

En la primavera de 2021, una suave brisa de cambio recorrió mi vida despertando una nueva curiosidad y un anhelo por conectar con las raíces de mi familia. Este viaje transformador comenzó a aflorar a medida que honraba los susurros de mi intuición, estos, me guiaban hacia la comprensión más profunda de mi padre biológico. Fue durante esta temporada de renovación que tomé el valiente paso de acercarme a mi madre, con la esperanza de descubrir más sobre aquella figura elusiva, que había permanecido como un misterio a lo largo de mi existencia.

A pesar de los sinceros esfuerzos de mi madre, los detalles que pudo proporcionar eran limitados, dejándome con solo fragmentos de información sobre mi padre. El punto de inflexión ocurrió en una noche memorable, el 6 de marzo de 2021, cuando mi esposo y yo visitamos a su hermano y su familia.

Durante la cena, mi cuñado compartió su experiencia de descubrir a familiares perdidos a través de un recurso de genealogía en línea. Intrigada por la posibilidad, emprendimos nuestro propio viaje para desenterrar los secretos de mi linaje paterno.

El camino por seguir no estuvo exento de obstáculos. Contando solo con su nombre completo y su lugar de nacimiento, nos enfrentamos a un desafío abrumador en nuestra búsqueda, sin embargo, un momento de ilusión llegó mientras reflexionaba sobre los años. Intentando deducir el tiempo aproximado de su fallecimiento, y con un sentido de esperanza anticipada, ingresamos 1991, y para nuestra sorpresa, un resultado exitoso apareció en la pantalla de la computadora. Impulsada por este descubrimiento, me aventuré en línea para solicitar un certificado de defunción, sin estar segura si esa información me llevaría realmente a mi padre.

Varias semanas después, en una tranquila mañana del 17 de mayo de 2021, el suave toque de un repartidor de UPS anunció un evento trascendental. Mientras firmaba un sobre grande, él me deseó un buen día, sin saber las emociones profundas que se ocultaban dentro de mí. Detrás de puertas cerradas, cuidadosamente rompí el sobre revelando el borde azul oscuro, que significaba el certificado de defunción de mi padre. Mis manos temblorosas recorrieron el documento, verificando cada detalle con el conocimiento que había guardado durante años.

"Este es él, mi padre", susurré con lágrimas acumulándose en mis ojos. Abrumada por una oleada de emociones, me retiré a nuestra habitación de invitados cerrando la puerta detrás de mí, mientras una marea de sentimientos amenazaba con envolverme. Arrodillada en el suelo, mis piernas cedieron y un profundo lamento surgió desde lo más profundo de mi ser. Fue una manifestación desenfrenada de dolor y duelo, un torrente de emociones que había reprimido durante casi tres décadas. Los recuerdos del anuncio de mi madre, el entumecimiento que sentí y la renuencia vacilante a participar en los rituales de su fallecimiento, todo volvió a mi mente, ahora encontrando expresión en este emotivo momento de realización.

Carta a mi padre

A mi querido padre:

Al escribir estas palabras, no puedo evitar maravillarme ante el milagro de encontrarte y poder visitar el terreno sagrado donde descansas. Mi corazón se desborda de emoción, y siento, con profunda certeza, que siempre has sido la luz que guía mi vida.

Durante años, una sensación de entumecimiento y vacío me invadía cada vez que miraba las pocas fotos que compartimos en mi bautizo. No fue hasta que tuve en mis manos una prueba tangible de tu partida que las emociones enterradas dentro de mí comenzaron a salir a la superficie. El dolor de admitir lo profundamente que tu ausencia me afectó fue desgarrador, pero también necesario.

Ahora más que nunca entiendo cuánto realmente te necesitaba. El anhelo por el amor y el afecto de un padre surgió en mí por primera vez, y abrí mi corazón para conectarme con el amor que siento por ti y reside en mi interior. En un giro algo surrealista de los acontecimientos, mientras viajaba grandes distancias para honrar tu memoria y presentarte mis respetos por primera vez, me encontré abrumada por la tristeza y la gratitud. Era como si los milagros y la gracia de Dios fueran los hilos invisibles que tejían esta experiencia tan profunda y conmovedora.

Los pensamientos sobre ti llenan mis días, y a veces me permito soñar con lo diferente que podría haber sido mi vida si hubieras estado a mi lado. La verdad es que daría cualquier cosa por tenerte hoy aquí conmigo. Rezo para que sigas siendo mi ángel guardián, velando por mí desde arriba, sonriendo con el mismo orgullo y alegría que adornaban tu rostro aquel hermoso día en la iglesia cuando me sostenías en brazos. Te amo inmensamente, Papá.

Con todo mi amor,
tu hija, Judy.

Judy Stella

TREINTA Y NUEVE

Después de soportar el peso del dolor durante todo un verano, lamentando la pérdida de mi padre desde el día en que recibí su certificado de defunción, un destello de esperanza penetró inesperadamente en medio de la oscuridad. Sintiendo mi necesidad de conexión, Tracy, una querida amiga, se puso en contacto y me invitó a cenar. Había pasado demasiado tiempo desde que compartimos un momento, y poco sabía yo, que esta cena pondría en marcha una serie de eventos extraordinarios.

Durante nuestra cena, la conversación tomó un giro inesperado cuando profundicé en el tema de su padre (alguien a quien yo había encontrado con alegría en varias reuniones familiares). La gratitud y el calor llenaron mi corazón mientras recordaba la naturaleza cariñosa de él y su esposa. Para mi sorpresa, ella reveló que su padre había regresado recientemente de México. Una chispa se encendió dentro de mí, lo que me llevó a preguntarle sobre el lugar específico. Y cuando ella mencionó "Capilla," un instinto me impulsó a preguntar más: "¿Capilla de Guadalupe?", cuestioné. Su respuesta afirmativa envió una oleada de emociones a ambas.

En cuestión de segundos, un mensaje a su padre confirmó la improbable conexión. "Sí, ¿por qué preguntas?", respondió. Al día siguiente, una llamada telefónica me conectó con una prima recién descubierta, Karina, y la realización de que podría haber encontrado a la familia de mi padre. Las emociones nos abrumaron mientras compartía fotos de mi padre y yo en mi bautizo, y mi prima Karina confirmó: "Sí, ese es mi tío Manuel".

Durante los días siguientes, lidié con la sorpresa de esta nueva realidad. Años de intentos fallidos por localizar a la familia de mi padre finalmente habían dado sus frutos. Meses de comunicación siguieron, revelando detalles sobre la fecha de fallecimiento de mi padre. A medida que se acercaba el aniversario, le pedí a Karina un gran favor, que, en mi nombre, colocara flores en su lugar de descanso. Ella no solo aceptó, sino que también envió fotos y un video, permitiéndome una conexión virtual con el lugar en el que hoy descansa de mi padre.

Al observar la falta de una tumba, le pedí otro favor a Karina, que me ayudara a conmemorar a mi padre adecuadamente. Sin dudarlo, apoyó mi solicitud, guiándome en el proceso de diseñar y ordenar una lápida. La alegría que llenó mi corazón al ver su lugar de descanso adornado con un hermoso marco con su fotografía fue un sentimiento indescriptible.

Llegó el día de partida, y mientras mi familia y yo nos dirigíamos al aeropuerto, las emociones giraban dentro mío. La emoción, los nervios y la anticipación llenaban mi corazón mientras emprendíamos un viaje hacia el pintoresco pueblo de Capilla de Guadalupe. Tres horas más tarde aterrizamos en la ciudad de Guadalajara, Jalisco, donde el esposo de mi prima nos esperaba para llevarnos a Capilla. El trayecto se sintió largo, pero mi entusiasmo creció con cada kilómetro que recorríamos.

Después de dedicar meses a explorar el lugar desde Google Maps, una imagen vívida del pueblo natal de mi padre había tomado forma en mi mente. Al cerrar los ojos, me permití imaginar los paisajes y sonidos que anhelaba encontrar. La anticipación creció a medida que imaginaba sentir la brisa fresca en mi rostro, y las palabras "Ya llegamos a Capilla" resonaban en mis pensamientos. La realización de que pronto estaría caminando por las mismas calles que mi padre había recorrido en el pasado me llenaba de una ansiosa expectativa.

Nuestra llegada a Capilla superó todos los sueños. Las estrechas calles que conectaban nuestro hotel con la plaza principal nos llevaron al corazón del pueblo, donde la Parroquia de Nuestra Señora de Guadalupe se erguía orgullosamente. Su fachada adornada con intrincados detalles y colores vibrantes contaba la historia de siglos pasados. Rodeados de ancianos en bancos de hierro, la plaza vibraba con vida propia.

Mis hijos se encontraban emocionados por explorar el lugar. Nos llevaron a la paletería "El Feo", las famosas paletas eran un delicioso regalo, y mientras las saboreábamos sentados en un banco de hierro en la plaza, absorbí cada segundo de la experiencia. Una mezcla de alegría, tristeza, pérdida, gratitud y amor me abrumó. Al cerrar los ojos, el calor del sol acarició mi rostro, transportándome instantáneamente a una tarde en la que mi padre, en su infancia, paseaba por esas mismas calles junto a su madre.

En un momento serendípico, una madre y su hijo pasaron apresuradamente junto a mí, y al encontrarse nuestras miradas, una suave sonrisa adornó el rostro del niño. Abrumada por la emoción, una lágrima surcó mi mejilla, una tierna señal de mi padre desde el cielo, susurrando suavemente: "Bienvenida a casa, hija". El viaje para encontrar mis raíces me había llevado a un lugar donde sentía una conexión innegable, y en ese momento, la realización me iluminó: había encontrado inconfundiblemente mi camino a casa.

Los días siguientes fueron un desborde de amor y alegría. Mi corazón se expandió como nunca, rebosante de una abrumadora sensación de felicidad. Cada día se desarrollaba como una nueva aventura, llevándome a las casas de mis tíos/as por primera vez. La emoción y los nervios se mezclaban dentro mío, incierta de qué podía esperar. Incontables preguntas y pensamientos recorrían mi mente, consciente de la necesidad de respetar también sus procesos, ya que muchos de ellos no sabían que mi padre tenía una hija en California.

Para mi alivio, todos nos recibieron a mi familia y a mí con los brazos abiertos. Los cálidos abrazos marcaron esta reunión, ofreciendo una calidez especial que hacía que cada visita fuera inolvidable. Con abrazos y bienvenidas a sus hogares, disfruté la oportunidad de conocer a mis tíos, mi única tía viva, sus cónyuges, hijos y nietos. Las historias sobre mi padre llenaban el aire: relatos amorosos atesorados por la gente de su pueblo que esperaban ansiosos su llegada en su furgoneta azul.

El día después de mi llegada y las primeras reuniones familiares, me acerqué a mi prima Karina con la solicitud de visitar a mi padre en el cementerio. A la mañana siguiente, encontré una hermosa canasta con rosas rojas, lirios blancos, margaritas blancas y un toque de nube, un gesto considerado de mi prima. Sosteniendo la canasta en mi regazo, respiré profundamente durante el trayecto, anticipando las indescriptibles emociones que me esperaban en el cementerio.

Al llegar, saludamos a un hombre mayor encargado del mantenimiento del cementerio. Guiados por mi prima, caminamos hacia una capilla de color durazno al final del cementerio. Con un gesto suave, ella señaló el lugar donde descansaba mi padre. Las lágrimas brotaron en mis ojos mientras me inclinaba para colocar las flores en la base de la capilla, una vez más, se abrió una compuerta de emociones, liberando el dolor que había permanecido en mí.

Sentada junto a la tumba de mi padre, abrí mi corazón expresando amor, gratitud y el profundo vacío que había perdurado en mí durante años. Recordé los momentos de conocer a sus hermanos, agradeciendo por el regalo de la vida y la profunda experiencia de estar presente con él. Mientras permanecía cerca de la capilla color durazno, el calor del sol me envolvía y me encontraba cautivada por su belleza, permitiendo que su abrazo milagroso penetrara cada fibra de mi ser. En la serena quietud de ese momento, sentí una conexión profunda con el espíritu de mi padre. Las flores vibrantes, símbolos del esplendor efímero de la vida, adornaban su lugar de descanso, reflejando la resiliencia del corazón humano. En medio del tapiz de la pérdida y el autodescubrimiento, encontré cierre al sanar las heridas dejadas por la ausencia de mi padre, al tiempo que atesoraba el raro y precioso regalo de los milagros de la vida; un testimonio conmovedor del poder duradero del amor que no conoce límites de tiempo ni de espacio.

CUARENTA

Un año después, nuestra familia tomó la decisión de viajar a México para pasar Navidad con mi familia Serratos. La muerte de la última hermana de mi padre intensificó mi anhelo de pasar más tiempo con mis tíos, esto me daba la más cercana sensación de tener a mi padre a mi lado. Alentando a mi esposo y coordinando con mi prima Karina, se pusieron en marcha los planes para una posada (tradición mexicana que se celebra en época navideña) con mi familia Serratos.

Para mí, se sentía como si estuviéramos celebrando la primera Navidad con mi padre, cosa que, desafortunadamente, nunca tuvimos la oportunidad de vivir. Mi prima asumió el liderazgo en la organización de la posada de la familia Serratos. Escuchó atentamente mi visión y, juntas, trabajamos en todos los detalles para hacer de esta la reunión familiar más especial.

Esta temporada navideña fue más que una simple celebración para mí, fue un profundo viaje emocional compartido con mi familia Serratos en México. Celebrar y abrazar el espíritu navideño en Capilla de Guadalupe fue una experiencia hermosa y conmovedora. La esencia de la familia, la paz y la alegría impregnaron cada momento, llenando mi corazón de una felicidad abrumadora, así nos sumergimos en las hermosas tradiciones de México, su deliciosa comida, cultura, vibrantes decoraciones y mucha música.

Sin embargo, la parte más amorosa de nuestro viaje a México fue el tiempo que pude compartir con mis tíos y sus familias, aproveché cada oportunidad para expresar mi amor, abrazando a cada tío con un cálido abrazo y un tierno beso en la mejilla. En esos momentos, sentí la presencia de mi padre a nuestro alrededor y sentí la necesidad de colmarlos de amor y cariño. Realmente quería hacerlos sentir especiales con el amor y cuidado que no pude compartir con mi padre.

Estoy profundamente agradecida a Dios y a mi fe por esta oportunidad: revelar un verdadero milagro en mi vida, y por permitirme conocer y pasar tiempo con mi familia de origen. Todo esto fue conmovedor y me permitió crear recuerdos que quedarán grabados en mi corazón para siempre.

Un momento particularmente emotivo ocurrió en mi último día en México, cuando asistí a misa y visité el cementerio para honrar y adornar con flores el lugar de descanso de mi padre. Mientras estaba allí, mi única esperanza era haberlo hecho sentir orgulloso y que ver a su familia reunida le hiciera sonreír en el cielo.

En medio de estos momentos atesorados, llegué a darme cuenta de que la familia no es una palabra, es un sentimiento, una emoción que nos une a través del tiempo y el espacio. Esta Navidad fue un testimonio del poder del amor, la familia y los milagros que pueden ocurrir cuando nuestros corazones están abiertos.

Epílogo

En los momentos de reflexión en silencio, me siento humildemente sorprendida por la profunda interconexión de los delicados hilos de la vida. Cada momento, sin importar cuán insignificante parezca ser, lleva dentro de sí la posibilidad de algo extraordinario. A través de cada giro del destino, de cada ascenso y caída de las circunstancias de la vida, he llegado a comprender que mi viaje es una sinfonía de experiencias, cada nota fusionándose con la siguiente para formar una melodía única que solo me pertenece a mí.

Al cerrar este capítulo de mi memoria, me siento abrumada por un sentimiento de reverencia hacia el tapiz de momentos que me han formado. Cada triunfo, cada dolor, ha dejado su huella en mi alma, permeándome con una sabiduría proveniente tanto de la alegría como de la tristeza. Con cada vuelta de página, me recuerdo la resiliencia del espíritu humano y la capacidad de fuerza interna que reside en todos nosotros.

Con un corazón lleno de gratitud, avanzo hacia lo desconocido, abrazando el camino que se presenta por delante, porque ahora sé que cada paso que doy es un testamento de la fuerza del amor y de la luz que ha iluminado mi camino, incluso en los momentos más oscuros de mi viaje. Así que, con reverencia y esperanza, me despido de estas páginas, llevando conmigo las lecciones aprendidas y la sabiduría ganada mientras continúo escribiendo la historia de mi vida.

Judy Stella

Agradecimientos

A cada persona que ha formado parte de las páginas de mi historia, ustedes son mis ángeles terrenales, su amor y amabilidad han tocado mi alma de formas que las palabras no pueden expresar. Es gracias a ustedes que me invade un indescriptible sentimiento de gratitud cada día.

A mi amada familia, estoy llena de gratitud infinita por cada uno de ustedes. A mi esposo, tu presencia ha sido fundamental en mi sanación y crecimiento, tu paciencia y amor no tienen igual, y estoy profundamente agradecida por ti. A nuestros queridos hijos: Natalia y Lorenzo, ambos me inspiran sin cesar. Natalia, tu naturaleza enérgica y tu determinación me llenan de esperanza por un futuro más brillante. Lorenzo, tu amabilidad y espíritu suave me recuerdan la bondad que hay en el mundo. Gracias por ser mis animadores constantes mientras me embarcaba en este viaje de escritura. Espero hacerlos sentir orgullosos.

A mi madre y mis hermanos, hemos soportado tormentas juntos, y estoy llena de orgullo por nuestra resiliencia. Hoy estamos unidos, apoyándonos mutuamente en nuestro viaje de sanación. ¡Sepan que mi amor por ustedes no tiene límites!

A mis queridos amigos, son las estrellas que han iluminado mi camino, guiándome a través de las altas y bajas de la vida. Desde la infancia hasta el presente, han estado a mi lado, ofreciéndome su amor inquebrantable, apoyo y aliento. Son demasiados para nombrarlos individualmente, ustedes saben quiénes son. Siempre estaré agradecida por su presencia en mi vida.

La gratitud desborda de mi corazón hacia la Dra. Farhat Chaudhry, mi terapeuta de salud mental durante los últimos siete años. Su guía compasiva y apoyo inquebrantable han sido fundamentales en mi viaje de sanación. Estoy eternamente agradecida por su sabiduría, amor incondicional y aceptación.

A los maestros y consejeros que han formado mi mente y nutrido mi espíritu, su impacto en mi vida es inmensurable. Desde mis primeros días en la escuela primaria hasta el presente, han sido faros de conocimiento y fuentes de inspiración. Cada uno de ustedes ocupa un lugar especial en mi corazón, y siempre estaré en deuda con su dedicación.

A los autores y mentores cuyas palabras han tocado mi alma, gracias por compartir su sabiduría y perspectivas del mundo. Sus contribuciones han enriquecido mi vida de manera exponencial, siempre llevaré sus enseñanzas conmigo.

Entre los numerosos libros que han adornado mis estanterías a lo largo de los años, y los incontables autores cuyos escritos han impactado profundamente mi ser, una figura destaca, y le debo una eterna gratitud al Dr. John C. Maxwell. Desde el momento en que descubrí tu trabajo, te convertiste en un padre sustituto para mí. Tus libros, podcasts y mensajes llenaron mi mente, mi corazón y mi alma con las valiosas lecciones de vida, enseñanzas y sabiduría que tanto anhelaba, similar a lo que hubiera podido recibir de mi propio padre. Siempre recordaré la ocasión trascendental cuando viajé a Florida para mi primera Conferencia Internacional de Maxwell. Mientras estaba en la fila, esperando ansiosamente mi oportunidad de conocerte y que me firmaras mi libro, coloqué junto a ti un Post-it con un versículo especial de la Biblia: Salmo 145:3, y cuando lo notaste, tus ojos brillaron con reconocimiento y pronunciaste mi nombre con entusiasmo. Al encontrarme con tu mirada, una calidez y ternura irradiaron de tus ojos y pronunciaste una palabra simple pero profunda: "hermosa", en ese instante, me sentí abrazada por el amor y el aliento que me brindaste. Es un recuerdo que atesoraré por siempre.

Gracias, papá John, por tu amor inquebrantable, orientación y aliento. Has tocado mi vida de maneras que tal vez nunca comprendas completamente. Estoy eternamente agradecida por la luz que has traído a este mundo.

También quiero hacer un reconocimiento especial a la artista Carla Morrison. Carla, tu último álbum: *El Renacimiento*, es una obra maestra. Cada canción resonó profundamente con diferentes épocas de mi vida, escucharlas se convirtió en un ritual mientras escribía mi libro. Cada vez que me sentaba a escribir, me ponía los audífonos y presionaba play a tu álbum. Y cuando necesitaba una dosis extra de motivación, repetía "Soñar"; esta me recordaba que era yo trabajando para hacer realidad mi siguiente sueño. Cada capítulo que escribía me acercaba un paso más a realizar mis sueños, y tu música, fue la banda sonora de ese viaje.

Un sincero agradecimiento a Davina Ferreira y Alegria

Publishing, cuya orientación y apoyo fueron invaluables mientras navegaba el viaje de escribir mi primer libro. Su aliento ha significado el mundo para mí. Estoy agradecida con todo su equipo por hacer realidad uno de mis grandes sueños.

Extiendo mi más sincera gratitud a ti, querido lector, por elegir embarcarte en este viaje conmigo a través de mi libro. Estoy llena de inmensa gratitud y humildad. Gracias por tu apoyo al adquirir este libro; una parte de las ganancias se destinará a Lennox (la comunidad donde crecí), ayudando a los niños y las familias de allí. Tu contribución está marcando una diferencia tangible en sus vidas, y por eso, realmente te lo agradezco.

Judy Stella, 2025.

Judy Stella

Acerca de la Autora

Judy Stella es Trabajadora Social Clínica Licenciada (LCSW) con una amplia experiencia dedicada a apoyar a niños y familias. Su compromiso en ayudar y empoderar a los demás surge de su propio recorrido personal de superación de adversidades durante su niñez y juventud.

Obtuvo su Maestría en Trabajo Social en la Universidad del Sur de California y su Licenciatura en Trabajo Social con una especialización en Justicia Penal en la Universidad Estatal de California, Long Beach. Sus logros educativos son un testimonio de su perseverancia y sirven de inspiración para las mujeres jóvenes que buscan continuar su educación superior. Certificada como Entrenadora y Coach en Liderazgo Maxwell, Judy canaliza su pasión para agregar valor a la vida de las personas y ayudarlas a alcanzar su máximo potencial.

A principios de 2024, Judy publicó lo que sería su primer libro como autora independiente: *Reverence: Echoes of Healing & Gratitude*, que es la versión original en inglés de este libro.

Actualmente, se desempeña como vicepresidenta de Human Capital at Stella Health Insurance Agency, donde aprovecha su vasta experiencia en trabajo social para mejorar la misión de la organización. Con dedicación inquebrantable por cultivar y nutrir una cultura laboral positiva e inclusiva, lidera iniciativas para fomentar la colaboración y el empoderamiento entre todos los miembros del equipo. El enfoque estratégico de Judy también abarca la adquisición de talento, asegurando que los esfuerzos de reclutamiento estén alineados con los objetivos generales de la agencia para promover el crecimiento sostenible y la excelencia.

Judy es una madre devota de dos niños pequeños y reside con su esposo en Manhattan Beach, California.

Mantengámonos Conectados

Al llegar a la última página de Reverencia: Ecos de Sanación y Gratitud, espero que lleves contigo las historias y lecciones que han formado mi viaje. Tu apoyo significa el mundo para mí, por lo que me encantaría seguir conectada contigo mientras continuamos este camino de crecimiento personal, sanación y comunidad juntos.

Para recibir actualizaciones sobre futuros eventos, proyectos especiales y perspectivas de mi biblioteca personal (donde he descubierto tantos catalizadores de cambio) por favor suscríbete a mi lista de correos. También puedes visitar mi sitio web en www.judystella.com para explorar mis recomendaciones de libros y encontrar inspiración para tu propio viaje de sanación y crecimiento.

Si estás interesado en invitarme a participar en un evento o conferencia, por favor ponte en contacto con mi equipo a info@judystella.com.

Gracias por ser parte de esta comunidad. Juntos sigamos abrazando el poder de la resiliencia y la gratitud.

Con calidez y aprecio,

Judy Stella

Dirección Postal:

Judy Stella
P.O. Box 939
Manhattan Beach, CA 90267

Judy Stella